親子でつくる見たこと作文

どんな子でも言葉があふれ出し
かくれた才能を発揮する

LCA国際学園 学園長
山口 紀生

EDURE®

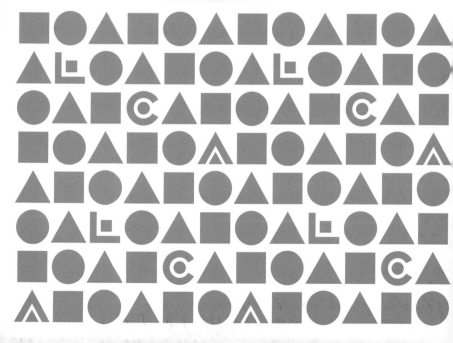

親子でつくる見たこと作文

どんな子でも言葉があふれ出し
かくれた才能を発揮する

LCA国際学園 学園長
山口 紀生

EDURE®

はじめに

公立小学校で教師として勤めたあと、理想の教育を追求するために設立したのが、現在、私が学園長を務めるＬＣＡ国際小学校です。学校には、語学をはじめとする国際化時代の教育を求める親御さんたちが、大切な子どもたちを預けてくれています。

インターナショナルスクールとしてスタートしたＬＣＡは二〇〇八年に文部科学省の認可を受け、一般の私立小学校として再スタートを切りました。

英語教育が特色ですが、一般のインターナショナルスクールとの大きな違いは、日本人の児童を〝日本人として〟育てながら、英語を使いこなせる教育を目指しているところです。授業はほとんど英語で行われていますが、日本語による国語の時間に関しては、学習指導要領の規定時間よりも時間を割いています。なかでも力を入れてきたのが、作文指導です。

文章を書く力は、読む力と切り離せないものです。書く力がついてこそ、教師の話や、教科書の文章などを読み解く力がつくというのが私の考え方です。その読解力は、与えられた情報や知識を活用・応用しながら考える思考力となり、やがて人としての成長にもつながります。

日本語をきちんと書いて考える習慣がなければ学力も伸びません。すべての勉強の土台のひとつが「書くこと」といっていいのです。

しかし、一般的には、学校での作文指導はおろそかにされているのが現実です。児童や生徒にまず書かせて、漢字や句読点の誤りなどを赤ペンで添削し、コメントをつけるというのが実態です。これでは、書ける子は書けても、書けない子はいつまでも書けないままです。そのような国語の授業が、書くことが苦手な子、作文嫌いな子を生み出す温床になっているのです。

書くことが勉強の土台のひとつと考えるなら、作文嫌いの子をつくることは、勉強嫌いな子をつくることとイコールなのです。書くことを好きになるには、書く材料をもっていること、書いたものを評価してくれる人がいること、このふたつが欠かせません。

そこで私が提案するのが、「見たこと」を書く**見たこと作文**です。

見たこと作文はとても気軽に取り組めるものです。最初のうちはお母さんのサポートも必要ですが、親子の会話を重ねながら取り組むうちに、子どもは「自分には書けることがこんなにたくさんあったんだ」と気づきます。

慣れてくれば、一〇〇字はおろか、二〇〇字でも四〇〇字でもすらすらと書けるようになります。子どもの書くことへの意欲を呼び起こし、やがていろんな勉強に対する前向きな姿勢がつくられていきます。加えて、**見たこと作文**への取り組みを通して、親御さんが子どもの話に〝聞き上手〟になり、子どもの気持ちを深く理解できるようにもなります。

「うちの子はなかなか話をしてくれなくて」と親子のコミュニケーションに悩んでいるお母さん方にはぜひ読んで実感していただきたいと思っています。

たまに家族で旅行したなどのイベントがあったときに、思い出を整理するために書いてもいいでしょう。好きなときに気軽に「見たこと」をまとめるだけです。

なぜ、「見たこと」をまとめるだけでいいのか、それは本文で詳しく述べますが、この**見たこと作文**への取り組みをきっかけにして、「書いて考える力」が、きっとついてくるはずです。そういう子どもたちがどんどん増えれば、著者としてそれ以上の喜びはありません。

山口　紀生

二〇一六年九月

親子でつくる見たこと作文

目次

はじめに …… 3

第1章 「見たこと」を書くだけで、どんどん力がつく

子どもたちの考える習慣を奪う「書くこと嫌い」 …… 12
見たこと作文で勉強好きになる土台づくり …… 18
書くことが嫌いな子も、ゆたかな表現ができるようになる …… 23
「見たことを書く」だけでいい見たこと作文 …… 28
作文を書くうえでいちばん大切なのは「個性」 …… 34
「書く持久力」をつけて「思考の持久力」を伸ばす …… 38
「見たこと」を言葉にするだけで、考える力がつく …… 42

第2章
「見たことパレット」で作文がスラスラ書ける

一日十分の親子会話で子どもの作文嫌いを克服する……48
子どもがたくさん話せることをテーマにする……54
作文の骨格となる「場面」を決める……57
子どもが「見たこと」を絵に描くつもりで聞き取っていく……60
「見たこと」を聞くだけでその子らしい表現ができるようになる……65
見たこと作文が子どもの「考える力」を伸ばす……78

第3章
親子会話で、子どもの「書く力」を引き出す

「見たこと」を引き出す問いかけのコツ……82
「見たこと」のなかから「書けること」を探す……87
書けない子には、お母さんの代筆作文で自信をつけさせる……93
見たこと作文は、やる気を伸ばす絶好のチャンス……100
子どもが自発的に語ることにはとことんつき合う……104

「どうだった?」よりも、「たとえば○○?」を効果的に使う……107
絵を描くつもりで聞けば、子どもの想像力はふくらむ……114
大人とは違う、子どもならではの感性を育む……119

第4章 書くのが楽しくなる「見たこと作文」のツボ

子どもを伸ばす作文の〝ほめポイント〟……126
イメージできない形容詞を引き算してみる……130
「〜みたい」「〜のよう」を使えば、もっとよく伝わる……134
アウトドア体験は五感で文章を書くトレーニングに最適……138
文字数にはこだわらず「勢い」にまかせる……145
特徴をとらえる視点を養う「動物あてクイズ」……148
「ビューン」「バッシャーン」で臨場感が違ってくる……152
接続詞の使い方ひとつで、文章がランクアップ!……156
読む人の心をつかむ書き出しを考えよう……161

言葉のストックを増やす、見たこと作文の効果 …… 167

第5章 考える力と会話力がメキメキ伸びる

感情は書かせるものではなく、自然に芽生えるもの …… 170
「子ども同士のトラブル」を見つけても先を急がない …… 174
子どもの〝ウソ〟は、成長をうながすチャンス …… 178
相手の気持ちを考える想像力を身につけさせる …… 182
「イヤ・キライ作文」を書いてみる …… 188
子どもの「なぜ？」に向き合い一緒に考える …… 192
「夢」に向かって一歩踏み出す経験が財産になる …… 197
「幸せってなんだろう？」と、いつでも話し合える親子関係に …… 203

おわりに …… 209

カバーデザイン／木村 彰

第1章

「見たこと」を書くだけで、どんどん力がつく

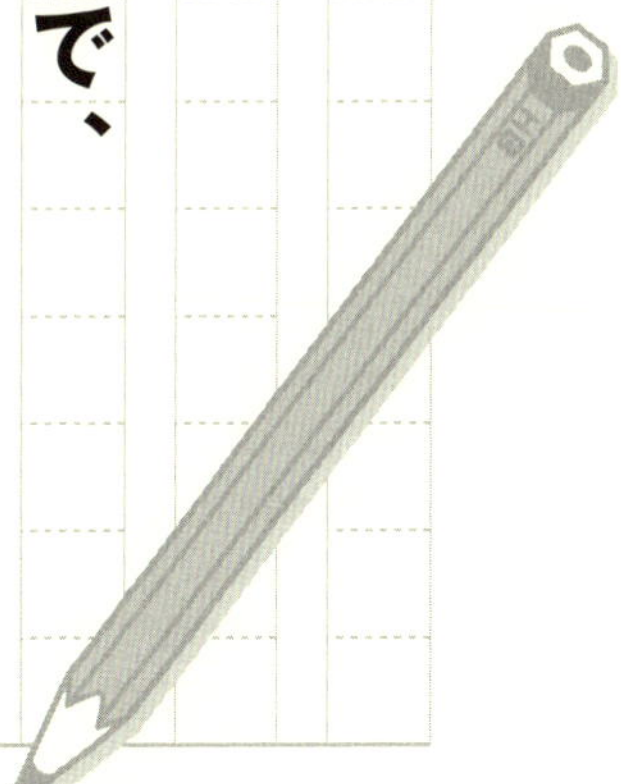

子どもたちの考える習慣を奪う「書くこと嫌い」

なぜ、多くの子どもたちが、書くことを嫌いになってしまうのでしょうか。まず、そこから考えてみましょう。

かつて公立小学校の教師をしていた私の経験から言える理由は、とても簡単です。学校の作文授業がつまらないからです。子どもたちが「楽しい」と思えるような作文指導が行われていないのです。

文部科学省が定める学習指導要領では、国語での「書くこと」の指導について細かな決まりごとがあります。たとえば、「考えが明確になるように、事柄《ことがら》の順序に沿って簡潔な構成を考えること」、あるいは「語と語や文と文との続き方に注意しながら、つながりのある文や文章を書くこと」という具合です。指導要領をふまえて教育現場で何を教えているかといえば、原稿用紙の使い方や主語と述語の使い方であったり、文章は常体《じょうたい》（だ・である調の文）か敬体《けいたい》（です・ます調の文）のどちらかでそろっているか、文章をつなぐ接続詞や助詞の使い方は適切かといったことです。

こういう教え方をすれば、形式的に正しいか正しくないかという視点で評価できるため、教える側はとてもラクです。そして、時間の経過に沿って書いていけば、指導要領の「事柄の順序に沿って簡潔な構成」「つながりのある文や文章」にもあてはまりますから、先生としての役割は果たしていることになります。

ＬＣＡ国際小学校の作文指導では、最初のうちはそういった細かな指摘をほとんどしません。何よりも子どもたちに「書くことの楽しさ」を感じさせることを大切にしたいからです。楽しく書くために大前提となるのは何か？　いうまでもなく「苦にならないこと」です。そこで私たちが実践しているのが「見たことを書く」という記述スタイルです。詳しいことはのちほどじっくりお話ししますが、一般的に子どもたちの作文に多いのは、「したこと」を羅列するパターンです。

「動物園へ行きました。キリンやゾウを見ました。ハンバーガーを食べました。とても楽しかったです」

これは「見たこと」ではなく「したこと」を並べただけで、読んでもおもしろくありませんね。何より、書いている子ども自身がつまらないはずです。つまらないから、せっかく楽しかったことでも、その楽しさを詳しく伝えようとする気にならないのです。好奇心旺盛な子どもたちは、実はいろんなものを、大人たちが想像もしないような視点で見ています。ただ、それを表現する方法を知らないのです。わからないから、したことを時系列に並べるような作文になってしまうわけです。

にもかかわらず、学校現場では、きめ細かな作文指導はなかなかできません。先生は大勢の子どもに目を配らなければいけないので、時間が足りませんし、そもそも教え方のノウハウがないのです。結果、先生は型にはまった作文を書かせてしまうことになるのです。起きたことを順に並べて文と文をつないだ、形式的には整った作文です。これなら、わかりやすいかどうか、誤字脱字はないか、文法上のまちがいはないかといった観点で、機械的に子どもたちの作文を評価することができます。

子どもたちからすると、こんなにつまらない授業はありません。どのように書いてあるかは評価されず、細かなまちがいで減点ばかりされていたら、モチベーションが上がるはずもありません。多くの子どもは書くことを嫌いになり、教育現場でうたわれる「子ども一人ひとりの感性を育てる」という目標は、いつになっても達成されないまま。それが現状なのです。

何を書けばいいかわからないから、ただ「おもしろかった」になる

もうひとつ、子どもたちが書くことを嫌いになる理由として、読書感想文があります。みなさんも書いた記憶があると思いますが、本を読み、感想を書けと言われて

も、「何を書いていいのかわからない」。その結果、あらすじをなぞるような文章になり、最後に「おもしろかったです」と書いてしまう子が多いのです。

読みながら、わくわくどきどきしたり、主人公に感情移入したり、おもしろいポイントはたくさんあったはずなのです。それなのに、感想文を書けと言われると、うまくまとめることができなくなり、しかたなく「おもしろかった」となるわけです。感じたことに対して、使える言葉も表現の方法も少ない子どもたちは、そもそもどう書けばいいのかわからないのです。こうした環境に置かれると、子どもたちは自然と書くことが嫌いになります。

このような〝書くこと嫌い〟になる〝温床〟がある一方で、お母さん方の関心は、どうしても、結果としての学力の評価に向きがちです。でも、学力の基礎となる考える力や、コミュニケーション力は、自分が感じたことをどう表現するか。つまり文章を書く力が大きく関わっているのです。そこで私は、学校教育の限界もよくわかったうえで、ご家庭での**見たこと作文**への取り組みをお勧めしています。

見たこと作文で勉強好きになる土台づくり

では、見たこと作文を書くことで、具体的にどんな力がつくのでしょうか。気になるポイントだと思いますので、まとめておきましょう。

〈1〉これからますます求められる「自己表現力」が身につく

最初にあげたいのは「自己表現する力」です。ＬＣＡ国際小学校では、「自己表現できる子に育てる」が重要テーマのひとつで、教育の特色でもあります。今後、日本の社会はますます国際化が進み、子どもたちが大人になるころには、国籍も肌の色も、育った環境も違う人とのコミュニケーションが、いま以上に求められることでしょう。

そこで大切になるのが「自己表現する力」です。自己表現する力とは、気持ちや考えを押しつけるのではなく、自分はどういう人間で、どう感じ、何を考えているのかを、相手にわかりやすいように伝える力を指します。言いたいことをまとめ、言葉に置き換えるには、文章で表現する作文や日記が大きな意味をもってきます。自己表現の基礎トレーニングといってもいいでしょう。

〈2〉言葉に対する感度が高まる

文章を書くことで「言葉に対する感度」も養われます。言葉への感度は、次の四つの力を高めます。

①「語彙《ごい》力・漢字力」
②「書く力」
③「読む力」
④「理解力」

語彙力と漢字力。これは書くことで自然と身についてきます。書く習慣がつくと、あらたに知った言葉や漢字を使いたくなり、知識として定着します。その語彙力、漢字力は、文章を書く力全体を底上げします。少しずつ、日本語としての文章がさまになってくるのです。

書く力がついてくると、人の書いた文章を読む〝眼力〟もついてきます。たんに理解して読むというだけでなく、筆者の意図を読み解く力もつくのです。そして、文章で表現された、ものの考え方や価値観への理解が深まります。それは、世の中の事象に対する理解だけでなく、人の心情に対する理解力をも含む〝感度〟といってもいいのです。

〈3〉友だちづき合いがきちんとできるようになる

前述の四つの力がついてくれば、自分の思いをきちんと相手に伝えられるようになります。自分の思いや気持ちを伝えられるようになると、友だちづき合いもうまくできるようになります。

気持ちや思いを伝えられず、もやもやしたまま、乱暴な行動に出てしまう子どももいますが、私が知る限り、うまく気持ちを伝えられる子は、やはり、言葉による表現力がゆたかです。その表現力とは、いわゆるコミュニケーション能力です。コミュニケーション能力が高いほど、「つき合い上手」ということになります。

〈4〉課題解決力の向上につながる

テレビのスイッチを入れれば、アニメやバラエティ番組をすぐ見ることができます。コントローラーをいじるだけで、画面のなかのキャラクターは縦横無尽に大活躍。何も考えなくても楽しめるコンテンツや刺激が、子どものまわりにはあふれています。そんな環境で育つと、おもしろくなければチャンネルを変えればいい、失敗したらリセットすればいい、という感覚におちいりがちです。これでは、どうしても短絡的になりがちで、考えたり、想像したりする習慣はなかなか身につきません。

このところ、子どもの学力低下が指摘されていますが、特に問題視されているのが課題解決力の低さです。これは目の前の課題に対して、すでにある知識をもとに、応用や工夫をしながら自分なりの答えにたどりつく力です。その課題解決力の大前提となるのは、課題や条件を的確に理解する読解力です。教科の学力でいえば、国語の問題文をきちんと読み取る力です。読解力を身につけるには、自分なりに考える力や、条件をもとに考える想像力を養わなくてはなりません。

そのための基礎トレーニングのひとつが、「書くこと」なのです。作文や日記などでふだんから書くことに親しんでいれば、言葉や表現に敏感になり、問題文を正しく読み解く力も自然と身についてきます。

つまり、書くことは、学力を向上させるための基本、言い換えれば勉強が好きになる土台でもあるのです。

書くことが嫌いな子も、ゆたかな表現ができるようになる

ではここで、ひとつの例をもとにお話ししましょう。

左に紹介するのは、LCA国際小学校の3年生が書いた文章です。タイトルは『ツーリング』。休日、お父さんのオートバイの後ろに乗り、出かけたときのことを書いています。まず、一読してみてください。

お父さんと黒い250ccのスクーターにのって、ツーリングに行った。どこに行くかは、ひみつだ。パパの背中がでっかく見えた。ぼくは、パパの服のポケットに手を入れて中のかわをつかんでいた。

風で緑の葉っぱがひらひら落ちてきた。だんだん森が近づいてきた。クリス

マスツリーを大きくしたような木がたくさん見えてきた。道のよこがわやカーブのところは土とか、石でおおわれていた。風が顔に当たって、ひっくりかえりそうな強さだった。うでの毛が風で立っているような気もちよさだった。

森をぬけると、ちゅう車場があったので、バイクを止めて、じゃりの道を歩いて川まで行った。川の反たいがわには、車が小さく見えた。

お父さんと、川に石を投げた。手を丸くして、よこから野球のスライダーのように投げると石は川の上をうさぎみたいに、何回かはねた。お父さんが投げると3回も4回もはねた。ぼくは1回だけできた。

ちゅう車場にもどって家に帰った。

読んでみて、どんな感想をおもちになったでしょう。お父さんとツーリングに出かけ、家に帰ってくるまでをまとめていますが、ところどころにキラリと光る言葉や表現があることにお気づきでしょうか？

たとえば、森の木を表現するところで、

クリスマスツリーを大きくしたような木がたくさん見えてきた。

とあります。ただ「大きな木」「たくさんの木」ではイメージがわきませんが、これなら、読む人もその場の情景を思い浮かべられますね。

この子はオートバイの後ろに乗り、お父さんにしがみついていたようですが、オートバイですから風にさらされます。そのときの様子は、

うでの毛が風で立っているような気もちよさだった。

ただ「気もちいい」ではなく、「うでの毛が風で立っているような」と、体で感じたことを言葉に置き換えています。ここも、読む人は「わかるわかる」という感じに

なります。

さらに、森の向こうにあった川の大きさについて書いたところでは、

反たいがわには、車が小さく見えた。

ただ、「大きな川」と書くのではなく、「車が小さく見えた」という、自分なりの尺度でまわりを見て、自分なりの言葉で表現しています。大きな川と書かなくても、車が小さく見えたと書くことで川の大きさを表現できているのです。

もちろん、子どもの文章ですから、漢字の使い方や句読点のつけ方を含め、稚拙な部分はあります。それでも、見たことを自分の言葉で表現しようとしている子どもの思いが感じられます。

「きっと、書くことが好きな子なんでしょうね」、そう思うかもしれません。でも実際は、少し前まで文章を書くのがどちらかというと苦手な子だったのです。それが、短期間の作文指導で、四〇〇字近い文章をここまで書けるようになりました。教えていた私にとっても、ちょっとした驚きでした。

これはけっして特別な事例ではありません。ほとんどの子が、うまくリードしてあげれば、これくらいの文章は書けるようになります。そして、その「リード」は私たち〝教育のプロ〟でなくても、ふつうの親御さんでもできることなのです。

「見たことを書く」だけでいい
見たこと作文

私は作文指導をしながら、書くことが嫌い、苦手という子には、次の共通点があることに気づきました。

「書くことがない。見つからない」

「どう書いていいか、わからない」

「うまく書く自信がない」

「人に読まれたら恥ずかしい」

「自分の書いたことがまちがっているかもしれない」


子どもたちは無意識のうちに、書いたことが正しいのかまちがっているのかを感じ、こんなことを書いたら笑われるかもしれない、といったとらえ方をしているのです。つまり、自信をもてないのです。まずは、こうした心の壁を取り払ってあげることが、子どもらしい自由な発想を養うために必要になります。作文嫌いの理由のなかでも、特に多いのは、「書くことがない」「どう書いたらいいのかわからない」のふたつです。この問題を解決するのが、「見たことを書く」という手法です。

正確には「書くことがない」ではなく「書くことをしぼれない」だと思います。子どもたちは学校や家庭で、あるいは友だちや家族と出かけた先で、いつも何かを見て、何かを感じています。見方も上から見る、横から見る、ずっと向こうにあるものを集中して見るなどさまざまですから、子どもの頭のなかのスクリーンには、絶えずいろんなものが映し出されています。

大人なら、見たものを知識と照らし合わせて整理できますが、子どもはそうはいきません。生まれてはじめて見るものも多く、照らし合わせる知識も備えていないいため、いろんな情報がごちゃ混ぜになっています。作文を書こうとしたとき、ごちゃ混ぜの情報からひとつを取り出すのはむずかしいため、結果的に「書くことがない」となるのです。

見たこと作文では、学校で習う作文の作法は忘れ、まず「見たことを書く」ということを意識します。大人からすれば「どうしてそんなふうに見えたの？」と思うような内容でも、子どもがそう見えたのなら、そのままでいいのです。うまく文章をまとめようとしないこと。書く順番や構成は気にしなくていいので、まずは、「見たこと」をそのまま書き、言葉に置き換えることが大切です。

お母さんが、子どもの言葉を引き出す案内役になる

低学年の場合、それでも書きはじめられない子どももたくさんいます。そんなときに求められるのが、親からの語りかけです。たとえば、動物園でゾウを「見たこと」を作文に書くときは、「ゾウを見てどう思った？」では、子どもたちは戸惑ってしま

います。

「最初に見えたのはどこだった？　頭かな？　しっぽかな？」

こんな語りかけで、すぐに言葉が出てこない子どもたちの意識を、動物園に引き戻してあげるのです。語りかけていると、

「頭のてっぺんが見えた。シワがいっぱいだったよ」

と、見たものについて、具体的な言葉が出はじめます。一度そこに意識が戻れば、子どもたちは**見たこと作文**の題材を次々に思い出すでしょう。鼻の長さはどうだったのか。ゾウは鼻を器用に使って何を食べていたのか。そこには何頭のゾウがいたのかなど、「見たこと」を引き出してあげて、それをまずキーワードとして書き出すのです。書き出したキーワードをつないでいけば、**見たこと作文**が自然と書けるようになります。

33ページに紹介したのは**見たこと作文**の一例です。「見たこと」を四つあげただけで一〇〇字になりました。「見たこと」をただつなげるだけですが、最初はこれで十

分なのです。うまく書く必要はまったくなく、子どものコミュニケーションの時間だと考えてください。それくらい気楽に取り組むのが**見たこと作文**なのです。

見たこと作文例

10がつ 6にち 水ようび（はれ）

はくぶつかんにはいって、一ばんさいしょに青色のクジラが見えた。LCAをとびこえられそうなほど大きかった。細い目でじっとわたしを見ていた。頭は丸くて、なにかをのせたら、すべっておちてしまいそうだった。

↑ここまでが一〇〇字

上は120字詰めのノートを使って書いた例。「見たことを書くだけですぐ100字になっちゃうね」と話し、負担感を減らしてあげてください。

作文を書くうえでいちばん大切なのは「個性」

子どもたちが作文を嫌いな、ほかの理由についてもふれておきましょう。

「うまく書く自信がない」

どうしてこういう感情を抱いてしまうのかは、子どものころの自分を思い出してみれば、わかるのではないでしょうか。不安が頭をよぎってしまうのです。言い換えれば、苦手意識の表れです。なぜ苦手意識をもつかといえば、自分でいいと思える作文を書けなかった、先生にほめられなかったなど、成功体験の少なさが大きな原因です。音楽が得意だという子は、楽器を演奏できたことでまわりからほめられていたでしょう。体育が得意だという子は、運動会は活躍の場になっていたはずです。こうし

た成功体験があれば、苦手意識は生まれません。減点式の学校の作文指導では、ほめられることはあまりないため、自信をもてなくて当然なのです。

では、どうすればいいのでしょうか。答えはハッキリとしています。家庭でほめてあげればいいのです。つたなくてもいいから、文章を書けたら、まずほめてあげる。「見たこと」をいくつも書けたら、その段階でほめてあげる。とにかく、努力を認めてあげて、「ぼくにもできるかも」と思わせるところからはじめましょう。

「人に読まれたら恥ずかしい」
「どうしてもうまく書けない」

こんな感情は、算数などと同じで「作文にもひとつの答えがある」という思い込みからくるものです。もちろん、そんなことはありません。作文に答えはなく、一人ひとりが書いた文章、すべてが正解なのです。ほかの人と違っていてもいい。むしろ、違っているほど、その子らしい個性の表れですから、親としては歓迎すべきことなのです。

そういう意識を子どもにもたせるために、作文を書く前に、お母さんがきちんと話を聞いてあげてください。最初は子どもの話すことがわかりにくいかもしれません。そういうときも辛抱強く、「それは、こういうこと？」と例をあげて問いかけて、言いたいことや気持ちを引き出してください。

見たこと作文は、ゆたかな感情表現のトレーニング

ひとつ注意していただきたいのは、「親の価値観や常識でゴールを設定しないこと」です。話があちこち飛んでしまう子もいれば、説明そのものがうまくない子もいます。そんなとき、ついイライラして、大人の価値観で「きっとこういうことを言いたいに違いない」と思ってしまうことがあります。そして、子どもが違うことを言うと、「それは違うでしょう」と言いたくなります。これは厳禁です。

親に先まわりされ、「こういうことでしょう？」と言われてしまったら、子どもは

それ以上何も言えなくなってしまいます。「自分はこう思っているのに、お母さんがそう言うなら、それでいいや」。こういうことが続くと、子どもたちは自由に考えたことや感じたことを素直に話せなくなってしまいます。

見たこと作文の目的は、「正しい文章を書くこと」ではありません。何かを見たとき、「見たものをその子の言葉で素直に表現するためのトレーニング」です。同じものを見ても、感じ方は人それぞれ。人と違っていても、恥ずかしがる必要はまったくないのです。文章を書かせるとなると、親のほうが大上段にかまえてしまいがちですが、肩の力は抜いてください。うまく書けるかどうかは二の次です。子どもの新たな一面に出合える機会だと思って、気軽に向き合えばいいのです。

「書く持久力」をつけて「思考の持久力」を伸ばす

最初、「何を書いていいのかわからない」状態だった子どもも、「見たこと」について親子であれこれ話していると、頭のなかに具体的な場面が浮かんできます。子どもの脳には毎日、「見たこと」が次々に記録されていきます。乾いたスポンジが水を吸うように、どんどん記録されていき、それはなかなかなくなりません。みなさんもきっと、こんな覚えがありますよね。去年のことはすぐ忘れてしまうのに、何かのきっかけがあると、子どものころの記憶はパッと色鮮やかによみがえる。いまの子どもたちも同じです。「見たこと」を、脳にちゃんと保存しているのです。

作文を書こうとしたとき、それがすぐに浮かんでこないのは、意味をつけて整理されていないからです。そして、集中力が持続しないからです。整理されていないなかから、ある特定の場面を取り出すには集中力が必要です。でも子どもたちは、いつも見ているテレビのことも、遊ぶ約束をしている友だちのことも、いろいろ気になるため、なかなか持続できないのです。そこで出来事を思い出すきっかけになるのが、先ほどから強調している親御さんの「問いかけ」です。問いかけに応じて、子どもがある場面を思い浮かべたら、そこからは自然に書けるようになります。書きながら、前後の場面を思い出したり、そのときの自分の気持ちを想像したり、頭をフル回転させますから、考える力が身につくのです。

感性ゆたかな文章を書き、人に伝える表現力をつけるためには、「ふたつの持久力」が必要です。

ひとつ目は「思考の持久力」です。文章を書くことに慣れていない子どもにとって、作文を書くのは大変な作業です。特に最初は、なかなか集中できないと思いますが、根気よく続け、書くことが楽しくなってくれば、思考の持久力も一緒に高まっていくはずです。

もうひとつは「書く持久力」です。いまの子どもたちは、書くことに慣れていないため、ただ書き写すだけでも、とても時間がかかってしまうのです。授業で、先生が黒板にポイントをまとめていき、次に移るために消そうとすると、「先生、まだ消さないで」そんな声が上がります。私の経験的な感覚ですが、子どもたちの書くスピードは、以前よりも遅くなっているような気がします。すらすらと書ければ、書くことが大変だという気持ちが解消できますし、授業を聞くことにも集中でき、学習面でもとても効果があるのです。

書くことに慣れれば、自然に思考のスピードもアップ

作文が得意な子どもや、ふだんから日記を書いている子どもは、書くことそのものに慣れているから問題はありません。でも、ふだんあまり文章を書いていない子どもは、板書を写すのは遅いし、極端な話、まっすぐな線を描くことさえ大変だったりします。慣れていないから、すぐ疲れてしまうのです。

これは集中力ではなく、体力的な問題でもあります。ある程度の文章を書くには、

手首や腕の筋肉も必要です。勉強しながら自然についていく筋肉ですが、書くことに慣れていない子は、その筋肉が十分に発達していません。だから遅くなるのです。時間もかかってしまいます。見過ごされがちですが、実は大きな問題です。

では、どうすれば「書く持久力」をつけられるのか。文章を書く習慣をつければいいのです。これも**見たこと作文**をすすめる理由のひとつです。とにかく書いてみる。これが第一歩です。最初はたった一〇〇字でもいいから、続けていけば、手首や腕の筋肉も鍛えられ、「書く持久力」がついてきます。手を動かすと同時に頭も働かせているわけですから、「思考の持久力」アップにもつながります。まずは、ふたつの持久力をつけることを目指してください。

「見たこと」を言葉にするだけで、考える力がつく

見たこと作文は「見たこと」をただ書く作文といいました。もう少し詳しく説明しておきましょう。「見たことを書く」だけで、なぜいろんな力が身についていくのか？　それを実感するために、ちょっと試していただきたいことがあります。もし家のなかでこの本を読んでいるのなら、窓の外を見てみてください。青い空が見えるかもしれないし、いつも見慣れた街並みが見えるかもしれません。その、ふだんなんとなく見ている風景を文章に書いてみてください。

青い空といっても、季節によって青には濃淡があります。原色の絵の具のような青があれば、少しだけ白を溶き流したような水色もあります。雲ひとつない青空があれば、綿菓子のような小さな雲が浮かんでいる青空もあるでしょう。ひと言で青空と

いっても、いまこの瞬間と同じ青は、ほかのどこにもないものです。風景として何げなく見ていても、文章にしようとすると、「あれはどんな青?」「雲はどんなふう?」と、それまでより集中して見るようになるはずです。そして書いてみると、どうも少し違うような気がして、もう一度空を見ると、遠くに浮かぶ飛行機雲が見えるかもしれません。こういう過程をふむと、文章は比較的ラクに書けるでしょう。

つまり、こういうことです。ふだん、何げなく見ているものでも、言語化しようとすると、そこには色や形、大きさなど、さまざまな情報が含まれていることに気づきます。けっして「ただの青空」ではなく「特徴をもった青空」です。文章に書こうとしなければ、窓から見えるいつもの光景かもしれませんが、文章にする過程で、見る人の感性が加わった景色になります。

「見たこと」を言葉にするだけで考える力が伸びる。それは、「見たこと」を言葉にする過程で、「どう表現したらもっとも効果的か」を、無意識のうちに考えるからです。ふだんは気にとめていなかったものでも、文章にしようとすると、必ず発見があります。こんな形だったのか。こんな色だったのか。発見は次の発見を導き、どんどん頭を使うようになります。そして楽しくなるのです。

これは私の少年時代の経験ですが、以前は写生、つまり自然や静物をスケッチする意味がよくわかりませんでした。自然でも静物でも、目の前にあるもののほうが美しいに決まっているのに、どうして絵を描かなくてはいけないのか、わからなかったのです。ところが、ある日、自分で試してみてふと「描くと、ものの見え方が変わる」と気づいたのです。それまでは、たんにきれいだなと思っていただけの風景が、絵に描こうとすると、もっとリアルに見えてきました。葉っぱを一枚描くだけでも、絵筆を持って向き合うと、それまでは見えなかったきれいな線がはっきり見えてきたのです。描いている時間は純粋に楽しく、いろんなものを描きたくなりました。

「描く」と「書く」。漢字は違いますが、「描く（書く）対象を観察すると、それまで見えなかったものが見えてくる」という点は同じだと思います。たとえば、家の近くに大きな木があるとします。ふだん、通学や買い物の途中では「大きな木」としか意識していませんが、それを絵にしよう、言葉にしようとすると、じっくり観察するはずです。「大きさはどれくらいだろう」「幹の太さはどれくらいかな」「樹齢は何年かな」「秋にはどんな実をつけていたかな」「いつも鳥がいるけど、あの鳥はなんていう鳥かな」という具合に観察をはじめると、気になることがたくさん出てきます。

観察しながら書く。想像しながら書く。現代の子どもたちが不足しがちな観察力、想像力は、**見たこと作文**を書きながら養えるのです。

私が絵を描く楽しさを知ったのは物心ついてからでしたが、そこで気づいたのは、絵を描くことも、文章を書くことも、さらに、歌うことも踊ることも、表現と呼ばれる行為は、そのものが本来楽しいものだということでした。

お母さんの「今日はどうだった?」という問いかけに、子どもが義務感から答えているときは、子どもにとってけっして楽しい時間ではありません。でも、相手が自分の言葉に反応するおもしろさを意識をするようになれば、それは、「表現の楽しさ」

を知らず知らずのうちに体現していることになるのです。その楽しさを子どもに実感させるためにはまず、お母さんが「楽しさ」を実感できていなければなりません。親の義務感として「心配だから」と声をかけるのと、子どもと楽しみたいという気持ちで声をかけるのとでは、子どもへの伝わり方は違ってくるのです。

第2章
「見たことパレット」で作文がスラスラ書ける

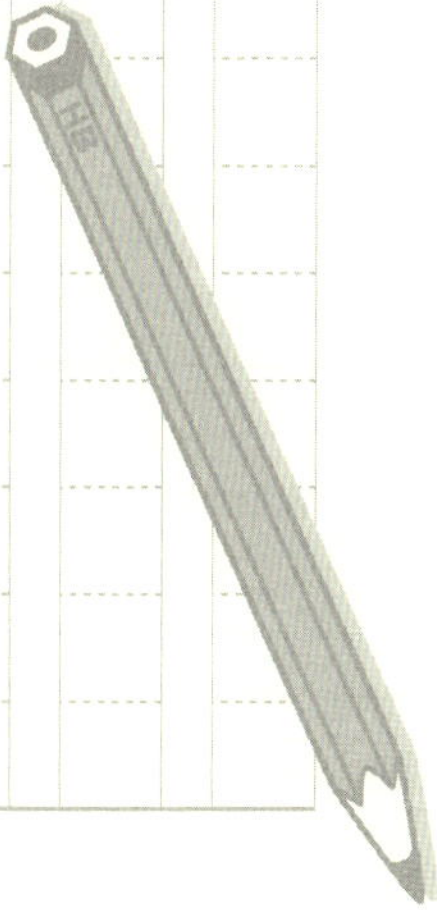

一日十分の親子会話で子どもの作文嫌いを克服する

学校の作文の時間に、「作文はこう書くんだよ」と書き方を教わっていることは少ないと思います。「遠足に行ったことを作文にしましょう」「運動会のことを作文に書きましょう」と言われ、自分流に書いていることが多いのではないでしょうか。これでは何を書いていいかわからず行きづまってしまうのも無理ありません。子どもたちは、したことを思い出して順番に書き、気持ちを書こうとして「楽しかった」とまとめます。書いた本人も読む人も楽しくありませんね。

作文の書き方はどう教えればよいのでしょうか。はたしてそんな方法はあるのでしょうか。

実は、それぞれの子どもだけが経験して知っている宝ものを会話のなかから引き出すことさえできれば、作文は楽しく書くことができるのです。そして聞くほうも「そうだったのか」と感動することも多いので楽しいのです。

宝ものを引き出すには始めのうちは一対一で会話をすることがいちばん向いていま す。ですから、書き方が自分でわかるようになるまでは、おうちの方が楽しい会話の なかで引き出していくことをお勧めします。

「最初はね、お母さんとお話しするだけでいいの。その話をお母さんが代わりに書い ておくから」

こんなふうに言うと、子どもは気軽に取り組めるはずです。実際、そういう形で始 めるのが**見たこと作文**です。

作文嫌いにしないことが大切なので、最初は「ちょっとやってみない？」という程 度のスタンスでいきましょう。ひとりでやらせるのではなく、「お母さんが一緒にや るんだ」と思わせることで、子どものやる気を引き出すことができます。

たとえば、「潮干狩り」について子どもに書かせると、

ゴールデンウィーク中にしおひがりに行きました。いっぱい貝がとれました。楽しかったです。

この程度で終わってしまいます。でも、そのときの様子をお母さんが子どもから引き出していくと、すぐに長い文章が書けるようになります。

私はゴールデンウィーク中に私のかぞくとしおひがりに行きました。行くときにまわりにたくさん木が見えました。

着いたところには草がいっぱい生えていました。車から出て歩いて海の方に行きました。遠くから海を見たら青くてきれいでした。砂浜に荷もつをおいてはだしになって海のほうへ行きました。近くで見た海の水はとうめいでした。砂をくまでではると、消しゴムくらいの小さな貝が出てきました。

いっぱい貝がとれました。

これは、3年生の子どもが書いたものです。潮干狩りに行って、子どもはたくさんの景色や光景を見ています。ひとりでは、それを文章に置き換えることができなくても、お母さんの助けがあれば、「見たこと」が言葉としてどんどん出てくるのです。

実は、そのための親子の会話が、**見たこと作文**のとても重要なポイントなのです。書くこと以上に大きな意味があるといってもいいくらいです。子どもには、「親に認められたい」という思いがあるため、話を聞いてもらうのはけっして嫌なことではありません。ただし、子どもは飽きっぽく、めんどうくさがり屋です。長い時間、集中するのはむずかしいので、聞き取りメモは一〇分から一五分がメドになると思います。

メモを子どもに見せると、「こんなに話したの?」とびっくりするかもしれません。いろんなことを見ている、つまり「書くことはたくさんあるんだ」と思えれば、子どもはどんどん自発的に書いていくようになります。もしほかのきょうだいがいるなら、親子でふたりきりになれる時間、場所を選ぶようにしましょう。

メモを取りながらの親子会話のなかで、お母さんに気をつけていただきたいのは、子どもの話を否定せずに聞いてあげることです。**見たこと作文**の目標のひとつは、子どもが五感で感じたことを、自分の言葉で表現する力をつけること。どんな子どもも、その子なりの感性をもってものごとを見ています。その感じ方こそが「宝」であり、正しいとか、間違っているということはないのです。大人の感性で「それは違うでしょ」「こういう言い方のほうが正しい」と直したりせず、子どもの言葉をそのまま受け止め、メモしていってください。

聞き取りメモは厳密に書こうとする必要はありません。ＬＣＡ国際小学校では、左のページで紹介しているような「見たことパレット」で、メモの取り方を親御さんにアドバイスしています。

見たことパレット

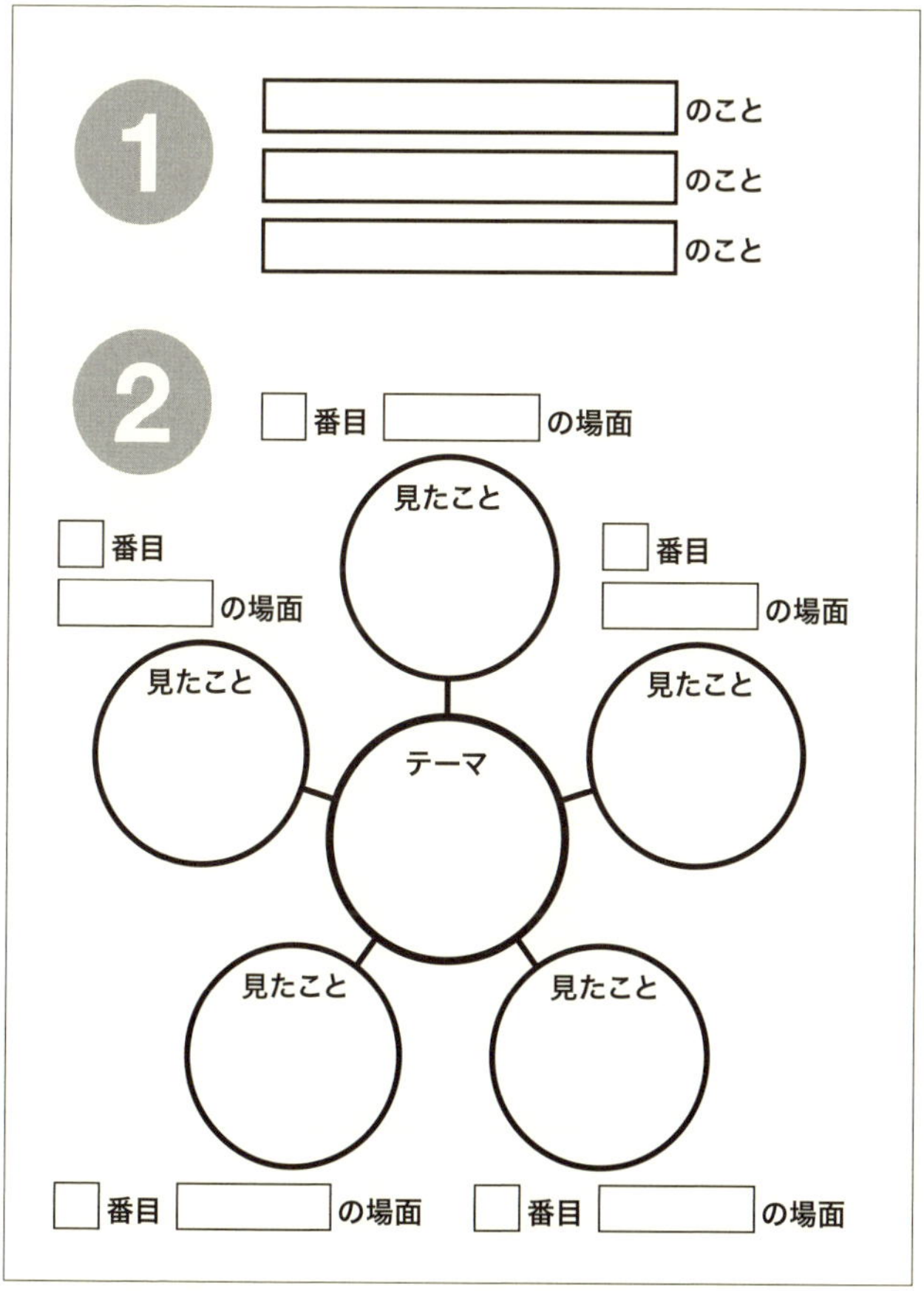

❶ 作文に書きたいテーマを3つあげ、そのなかからテーマを決めましょう。
❷ 作文に書く「場面」を決め、その場面で「見たこと」を聞き取りましょう。
それぞれの場面がいつ起きたか、時系列順に番号をふりましょう。

子どもがたくさん話せることをテーマにする

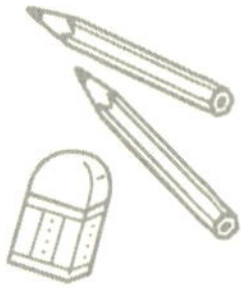

まずは、作文のテーマを決めましょう。テーマは、自由に決めていただいて大丈夫です。学校での出来事でもいいし、家族でレジャーに出かけたときのことでもかまいません。子どもがあげたものを紙にメモしていき、子ども自身が「これを書きたい」となれば決まりますが、なかなか選べない場合は、お母さんが助け舟を出してあげましょう。「最近あったことで、すごく楽しかったことや悲しかったこと、ある?」、そんなふうに言ってテーマを決めましょう。

子どもから聞き出したテーマを、「見たことパレット」にメモしてください。だいたい三つくらい聞き出したら、作文のテーマをしぼることができます。三つのテーマについて話す子どもの様子を見比べて、もっともいきいきと話していることをテーマに決めるとよいでしょう。

「キャンプに行った」「プールで遊んだ」「けん玉をした」という三つのテーマがあげられたとしましょう。私ならこの場合は「キャンプに行った」をテーマにします。もしもテーマのなかに、自然のなかでの体験があれば、ぜひそれを優先してください。子どもたちの感受性は、自然のなかで無限の刺激を受けます。葉っぱの緑、水が流れる音、動物の鳴き声、土の手触り……。それらを子どもたちが感じたままに文章に起こすと、とてもおもしろい作文になるのです。

テーマが決まったら、それを「見たことパレット」の真んなかの円に書き込みます。

見たことパレットのテーマを決める

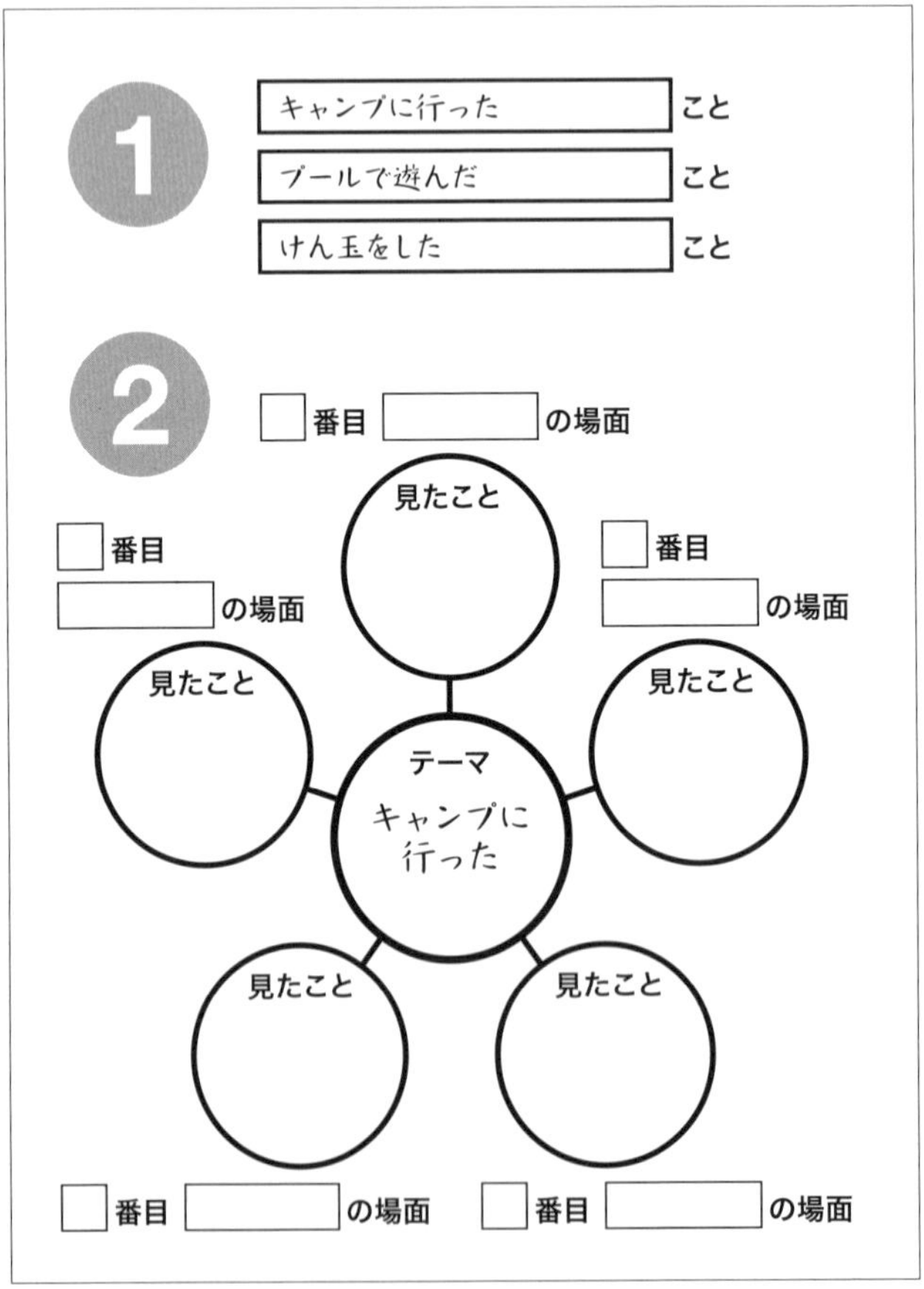

まずは3つほど作文に書けそうなテーマを子どもから聞き取り、そのなかからひとつにしぼります。テーマをしぼったら、真ん中の円に書きましょう。

作文の骨格となる「場面」を決める

作文のテーマが決まったら、次はいくつかの「場面」を決めます。たとえばテーマを「キャンプ」に決めたなら、子どもに「キャンプのなかで、いちばん覚えていることって何?」「どのことについてだったら、作文に書けそうかな」と聞いてみましょう。「川で釣りをした」「友だちとカレーをつくった」「寝る前に星を見た」などの答えが返ってくるでしょう。それらが**見たこと作文**の「場面」となります。

「場面」がうつり変わっていくことで、作文にリズムがつき、広がりが生まれます。しかし、あまり「場面」が多すぎても、子どもが話をするのに飽きてしまいますし、作文を書くのが大変になります。「見たことパレット」で聞き出す場面は、三つもあれば十分です。多くても五つまでにとどめてください。

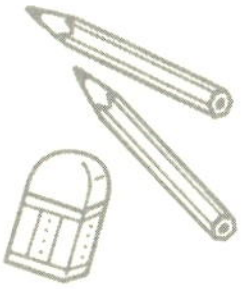

どの場面を作文に書くか決めたら、子どもが話したがっている「場面」から順に、「見たこと」を聞いてみましょう。お母さんが一緒に体験していないことを聞くほうがやりやすいのですが、もしお母さんがその場にいたのなら、「そのとき、お母さんはこんなものを見ていたよ。あなたはどうだった？」と問いかけてみましょう。

見たこと作文のおもしろいところは、この作文を子どもが書かなければ、お母さんがまったく知ることがなかった情報が次々と出てくるところです。たとえば子どもが学校の遠足に出かけたとします。お母さんにわかるのは、バスに乗って動物園に行ったとか、そこで子どもがどんな動物を見たかということくらいでしょう。**見たこと作文**では、どんな動物のどんな様子を見てきたのかが手にとるようにわかります。

私も、子どもから聞き取りをしていて「え〜、そういうふうに見ていたんだ」と驚くことがしばしば。その子がそのとき何を見ていたのかは、世界中でその子しか知らない情報です。「それを知りたいなぁ、あなたの目で見たものを教えて」というふうに聞き取りをしていけば、お母さんにとっても、子どもにとっても、楽しい時間になるでしょう。

子どもが「見たこと」を絵に描くつもりで聞き取っていく

実際に「場面」について聞き取るとき、お母さんは、その場面を映像として頭に思い浮かべ、絵に描くつもりで、具体的に質問していきましょう。

「川で釣りをした」という場面なら、「その川は、どれくらいの大きさ?」「水の色は?」「川の向こうに何が見えた?」と、ディテールがわかるように質問するのがコツです。ここで注意が必要なのは、「したこと」を聞き出さないようにすること。「河原に座っていた」「魚を網ですくった」などは、「したこと」です。

「釣りをした」という場面で、子どもが実際に見たものを聞き出しましょう。魚を釣っているときに見えたものを聞くのもいいし、一緒に釣りをしていたお友達が何を言ったかを聞いてみてもいいでしょう。

見たこと作文は、子どもが五感で感じたことを書く作文です。五感からの情報の七割は視覚、つまり「見たこと」だといわれます。五感の代表として「見たこと」を聞き出すのです。もちろん、「見たこと」以外に「聞いたこと」「匂ったもの」「触ったもの」「味わったもの」も聞いてみると、おもしろい情報が次々と出てきます。

以前、ＬＣＡの生徒に釣りのときに「見たこと」を聞き取ると、つぎのような情報が出てきました。「川はあさそうでもあり、深そうだった」、「川の真ん中へんにこげ茶色の小さな魚がすいすい泳いでいるのが見えた」、「魚はツルツルヌメヌメしていた」。五感をいっぱいにつかいながら、目の前のものをよく観察しているのがわかります。

全部の場面について、詳しく聞く必要はありません。たくさん「見たこと」を聞き出せた「場面」がひとつかふたつあれば、作文の盛り上げどころになります。それ以外の「場面」は、ひとつかふたつ「見たこと」を聞き出すくらいで十分です。それぞれの「場面」で「見たこと」を聞き終わったら、ほぼ作文の材料はそろいました。あとは、それぞれの「場面」を時系列順に並べてみましょう。「見たことパレット」の「場面」の前に、番号をふってください。

見たことパレット例「キャンプ」

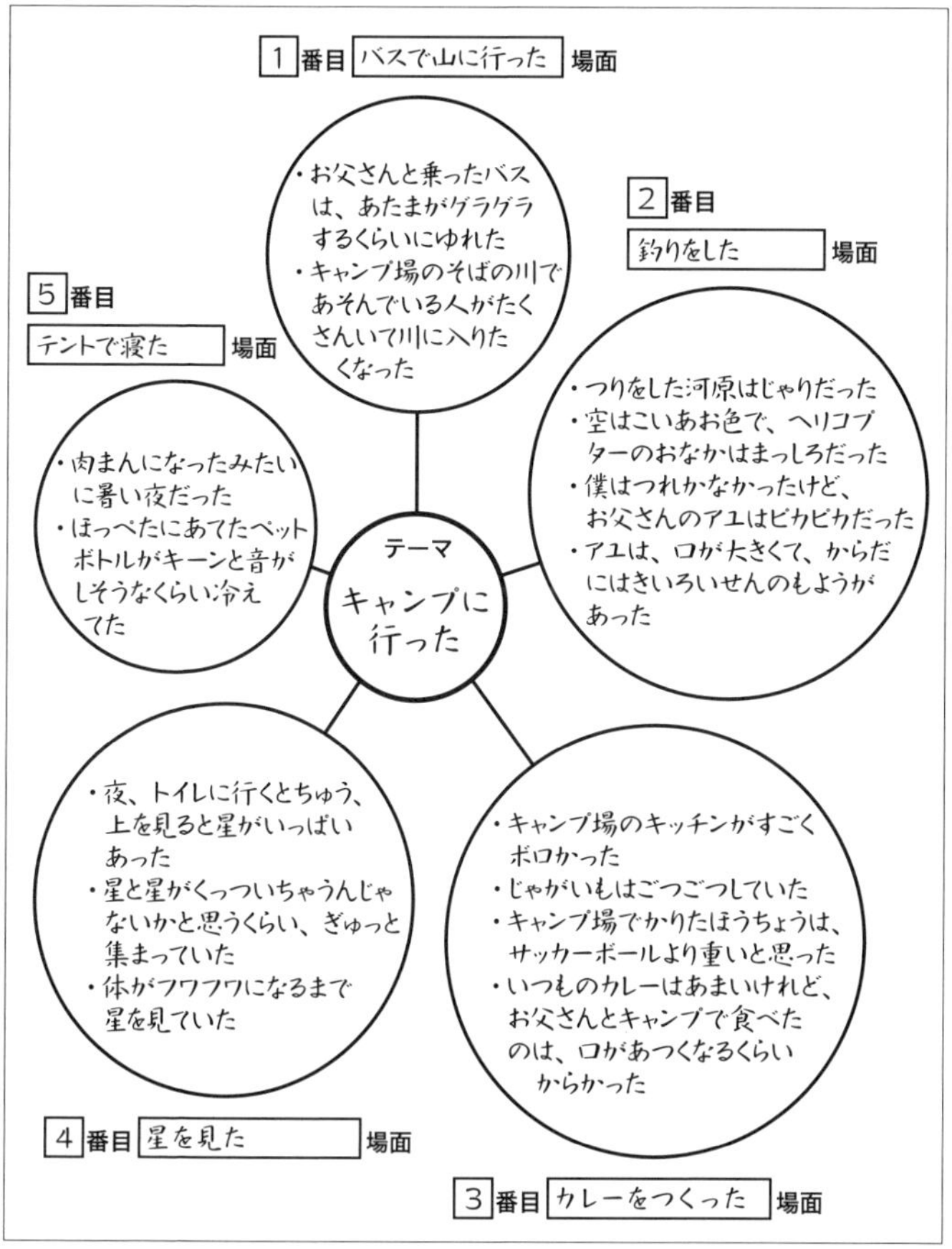

それぞれの場面で「見たこと」を聞き取って、場面をふくらませていきます。実際には、ここに書かれているよりもっと多くの「見たこと」が出てくるでしょう。

試しに、前のページの「見たことパレット」に書かれていることを、時系列順に、声に出して読んでみてください。「バスで山に行った」「釣りをした」「カレーをつくった」「星を見た」「テントで寝た」という場面を時系列順に並べているだけなのに、それぞれの場面で子どもが「見たこと」を、子どもの言葉で書いてふくらませていくだけで、驚くほどイキイキとした作文になっていると思いませんか？

それをそのまま作文ノートなどに書き出し、必要ならはじめと終わりの一文を加えれば、**見たこと作文**の完成です。

「見たこと」を聞くだけで その子らしい表現ができるようになる

最初は原稿用紙を一枚埋めるのに苦労していた子も、**見たこと作文**なら三～四枚と、どんどん書けるようになります。

次の作文は、書くことが苦手だった一年生の子どもが「あさがおの観察」をテーマに書いたものです。

きょうのあさ、あさがおのはなをかぞえると、はなが7つさいていました。
うすいぴんくいろでした。つぼみやはっぱも、たくさんありました。

このままでは、作文というより観察記録のようですが、お母さんが聞き取りをしな

がら「見たことパレット」にメモをしていくことで、次のような見たこと作文が書けました。69ページの「見たことパレット」と見比べてみてください。

あさがおとようせい

「おはよう」

あさおきて、かぞくのいるダイニングルームにいった。かとりせんこうのにおいがして、まどがあいているのがわかった。カーテンがひらいてあかるかった。

わたしの目が大きくなった。

「一、二、三、四、五、六、七。」

目でかぞえた。こいむらさきや、うすいピンクいろのあさがおの花がさいている。白いふちどりがあった。フラメンコスカートが、クルッとまわって、ひろがったみたい。

はちを一しゅうした。

いろんなほうこうにさいていた。わたしのひざぐらいのところにあつまっていた。しゃがむとよくみえて、さわってみたくなった。うすくてやわらかい。すべすべしていて、わたしの足のうらみたいにしめっていた。

つぼみもたくさんあった。けしゴムみたいにかたくて、ふでのさきみたい。パジャマをギュッと、ゆびさきでつよくねじったようなつぼみもあった。

四月のすずしいころ、学校でたねをまいた。はん円のようなかたち。さわると、くだもののかきのたねみたいにかたかった。手のひらにのせてよくみると、キラキラ光って見えた。わたしの人さしゆびをまっすぐ土の中に入れて、たねを一つぶおとした。はちの中で、まわりの土をよせてうめた。八つぶくらい、たねをまいた。

はっぱは、わたしの手をひろげたくらい大きくて、きゅうりみたいにこいみどりいろをしている。はっぱがかさなって、土があまりみえない。つるは、さおにクルッと、やさしくまきついて、赤ちゃんのはっぱがついていた。はっぱもつるも白い毛がはえていた。わたしのおでこみたいにやわらかいとおもったけど、さわると、シャリシャリ音がした。

立ち上がってビックリした。

きのう水いろだった花が、しぼむころにはこいむらさきいろになっていた。マジックみたい。

わたしのあさがおには、ようせいがいるとおもった。ねがいごとをかなえてくれるようせい。花のかずだけようせいがうまれてくる。わたしがねているときに、つぎの花がさくじゅんびをしているの。

あさがおの花の上で、キラッと光るものがあった。

おねえさんのように、わたしをみまもってくれているようなきがした。

「いってきます！」

ハッピーなきもちになっていえをでた。

見たことパレット例「あさがおとようせい」

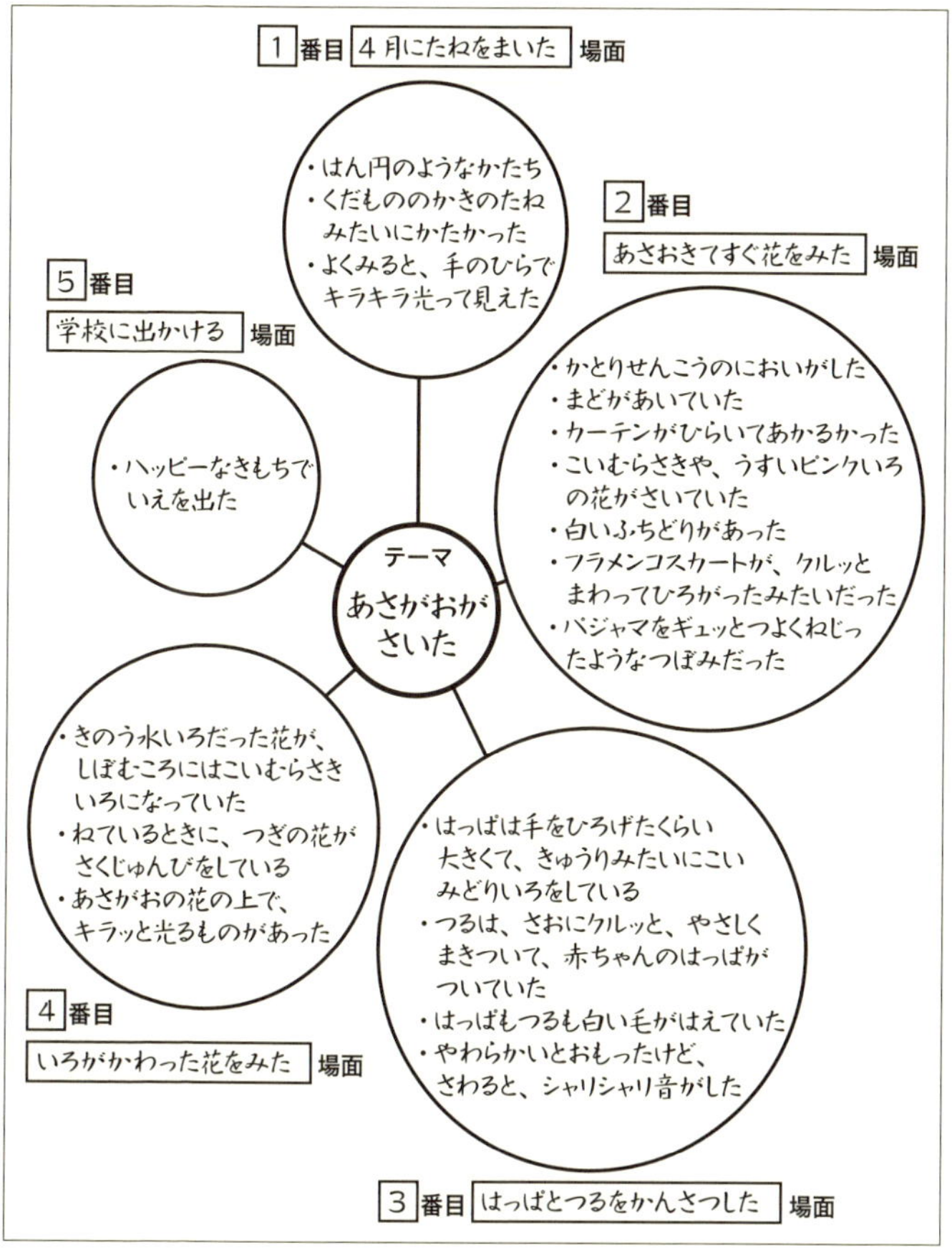

最初、この子の作文は観察記録のようでしたが、「学校で種を植えた」「朝、ダイニングで朝顔の花を観察した」「葉っぱとつるを観察した」『行ってきます！』と家を出た」というふうに、「朝顔の観察」というテーマを時間の違う場面にわけて、それぞれの場面でこの子が「見たこと」を聞き取ると、見違えるようにイキイキとした作文が書けました。

「フラメンコスカートが、クルッとまわって、ひろがったみたい」、「わたしの足のうらみたいにしめっていた」、「パジャマをギュッと、ゆびさきでつよくねじったようなつぼみもあった」……。お母さんが聞き取りをしていくことで、この子だけが見たり感じたりしたことが、あふれるように出てきました。そして、「わたしのあさがおには、ようせいがいるとおもった」。子どもらしい感性が光るこの一文も、お母さんが聞き取りをしていなかったら、多分出てこなかったでしょう。

しめくくりの場面として、家を出るところを加えたのも大正解。『いってきます！』ハッピーなきもちになっていえをでた。」というとても短い文章ですが、作文全体に明るい印象を与えています。

また、「学校で種を植えた」のは四月なので、できごととしては最初ですが、書き出しは朝起きて朝顔を数える場面から。こうすることで、作文にグッと躍動感が出ていると感じませんか。**見たこと作文**は子どもの「見たこと」を、その感動が伝わるままに書くことが最優先です。必ずしも、時系列にこだわる必要はありません。ときには、あえて時間の流れにこだわらず、印象的な場面を書き出しにもってきてみましょう。作文に物語のようなストーリー性が生まれ、読み応えが増します。

柔軟な発想によって表現の幅が広がっていくと、子どもも「こういうふうにも書いていいんだ」とわかるようになります。そうすると、子どものなかで「作文を書くのは楽しい」という気持ちがどんどん大きくなっていくでしょう。

次の作文も、1年生が書いたものです。

はじめてのピアノきょうしつ

いえからじてんしゃでパパとピアノきょうしつに行った。風がふいていて、とてもすずしかった。オレンジいろのおひさまが見えて、くものいろはちゃいろと白のミックスのいろをしていた。

ピアノきょうしつの女の先生は、黒とブラウンのかみの毛だった。サミーゴのせっけんのようないいかおりがした。先生のかみの毛は、みじかかった。レッスンのばしょは、したにあった。ふるいピアノで、ぼろく見えた。ちゃいろのピアノで、いえのテーブルといっしょくらいだった。

ピアノをひいてみた。ソは、とりの音みたいにたかい音をしていた。ドはかみなりがおちたみたいなひくい音だった。ドをひいたら、上にかみなりのおにが来るとおもった。マラカスを持って、タンバリンをしながら、かみなりをおとすみたいだった。ぼくがひいているとき、パパはわらったかおをして、ニコニコしていた。ひいているときは、マラカスを持ってみんなで楽しくあそんで、おんがくをしたり、コンサートをしているみたいだった。音は、ジェットコースターがくるりとまわっているような音や、あたまの中でピーンピーンとたかくなるようなキレイな音だった。

先生といっしょにひいているとき、先生はわらったかおをして、ぼくを見ていた。ぼくはハッピーなきぶんでながれぼしにねがいをするようなきぶんだった。先生といっしょにひいているとき、きれいな音だった。オルゴールみたいな音、リラックスできるような音だった。ピアノのけんばんは、こおりみたいにつめたかった。食べると、歯がとれちゃうみたいにかたかった。先生といっしょにひいた音はうちゅうにとんでいくと思った。ぼくと先生のピアノの音は、うちゅう人にきこえて大人のうちゅう人が赤ちゃんたちにピアノの音をきかせてうちゅう人の赤ちゃんたちがハッピーになったとおもった。

かえりみち、空はくもだらけ。かぜがふいていた。パパはぼくにわらったかおをしていた。ぼくもパパにわらったかおをした。とてもあつかった。

見たことパレット例「はじめてのピアノきょうしつ」

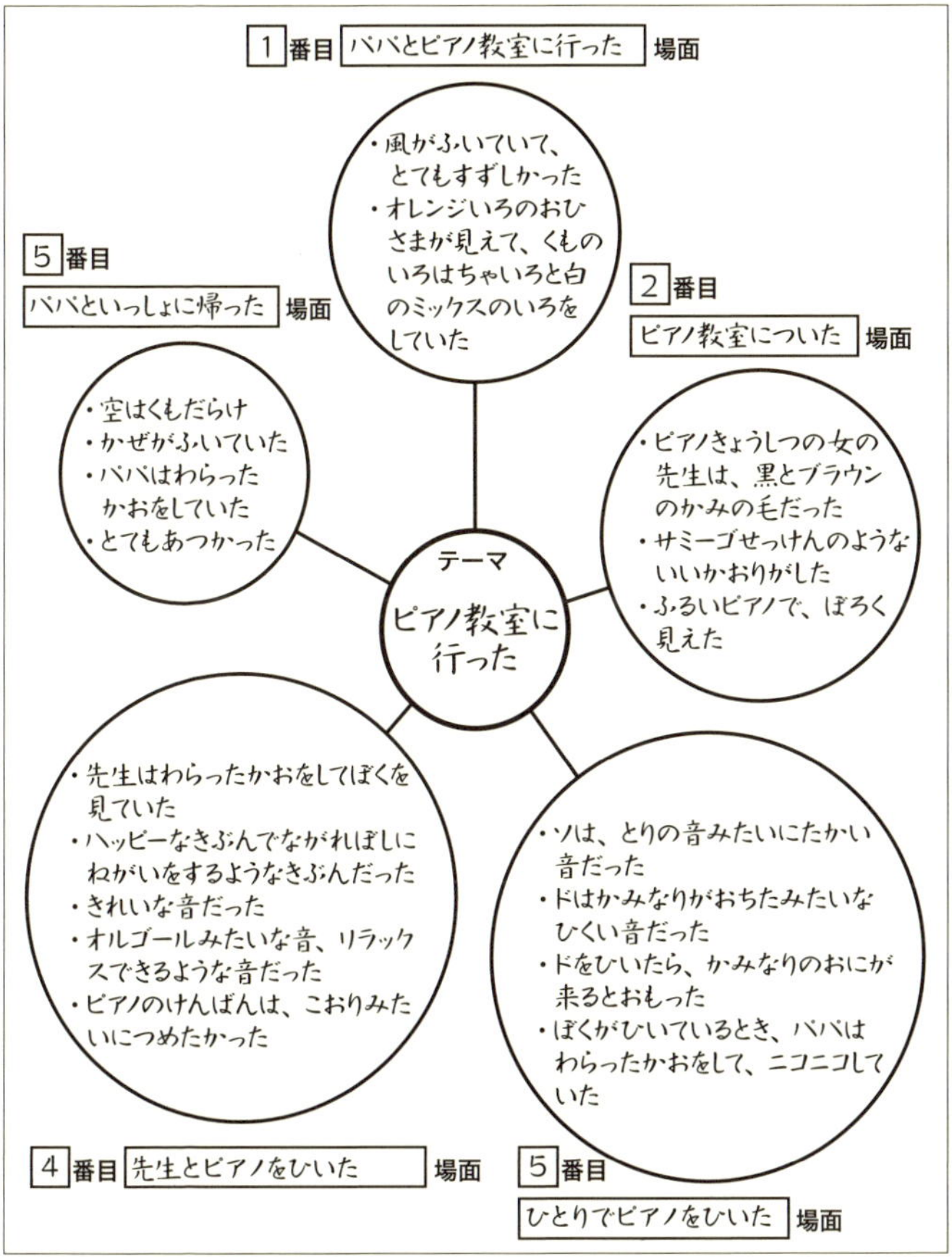

この子も最初は、原稿用紙を一枚埋めるのにも苦労していたのですが、お母さんと一緒に**見たこと作文**を始め、ここまで書けるようになったのです。お母さんの聞き取りによって、「ピアノ教室」というテーマを「パパとピアノ教室に行った」「ピアノ教室に着いた」「一人でピアノを弾いた」「先生と一緒にピアノを弾いた」「パパと一緒に帰った」の五つの場面にわけ、内容をふくらませています。最初のうち、「テーマを場面にわけるのがむずかしい」と感じるなら、この作文のように、メインとなる場面のほか、「行き」と「帰り」の場面を加えるとよいでしょう。場面のうつり変わりがわかりやすいので、作文全体にメリハリが出ます。

一つひとつの場面ごとに聞き取りをすることで、ピアノ教室でこの子が何を見て、何を感じたのかが伝わってくる作文が書けました。「ドをひいたら、上にかみなりのおにが来るとおもった」、「先生といっしょにひいた音はうちゅうにとんでいくとおもった」、「パパはぼくにわらったかおをしていた」……。この子の言葉で書いているからこそ、目を引く表現がたくさん登場します。「楽しかった」「うれしかった」という表現はどこにもないのに、この子が顔を輝かせながらピアノを弾いている情景が、頭に浮かんでくるようです。わが子がこんな作文を書けるようになったら、お母さんも読むのが楽しくなるはずですよ。

見たこと作文が子どもの「考える力」を伸ばす

親子で会話をしながら、**見たこと作文**を書いていくプロセスを通じて、親子そろって作文への苦手意識を克服できたらしめたもの。

お母さんは、「子どもの作文を読むのが楽しい」となるでしょうし、子どもは「作文を書くのは楽しい」となるでしょう。そうなったら、作文指導は半分以上成功したも同然です。楽しいからこそ続けられるし、何度も続けるうちに、子どもは少しずつ作文の書き方がわかるようになります。そしてだんだんと、自分ひとりでも作文を書けるようになるのです。

見たこと作文によって見えてくる子どもたちの感性は、その子だけがもっている「宝」です。そして子どもたちは、自分の「宝」を人に伝えたいという思いをもっています。

自分の感じたことや考えたことを自分の言葉で書き、人に読んでもらう。そのプロセスを通じ、子どもたちは表現することの喜びを知ります。**見たこと作文**で身につく「書く力」は、自分という人間を表現するための力です。

自分のなかにあるものを文章で人に伝えるためには、できるだけたくさんの言葉のストックをもっていたほうがいい。だから、書いて表現する喜びに目覚めた子どもは、積極的に人が書いた文章を読むようになります。さまざまなジャンルの本を読みながら「こういう言葉があるんだ」とか「こういうふうに表現できるんだ」と学んでいくのは楽しいことです。そのうちに「自分はこう感じていたけど、違う感じ方をする人もいるんだ」と、人はそれぞれ違う感性をもっているのだと気づくでしょう。それは、人とコミュニケーションをとりながら生きていくのに欠かせない、人生を豊かにする発見です。

書く喜びが読む喜びにつながり、子どもたちは、「書く力」と「読む力」の両方を身につけていきます。そのふたつの力こそ、一生役立つ「考える力」の土台となるのです。**見たこと作文**を通じて、子どもが書くことの喜び、表現することの喜びに気づけるよう、手助けをしましょう。

第3章
親子会話で、
子どもの「書く力」を引き出す

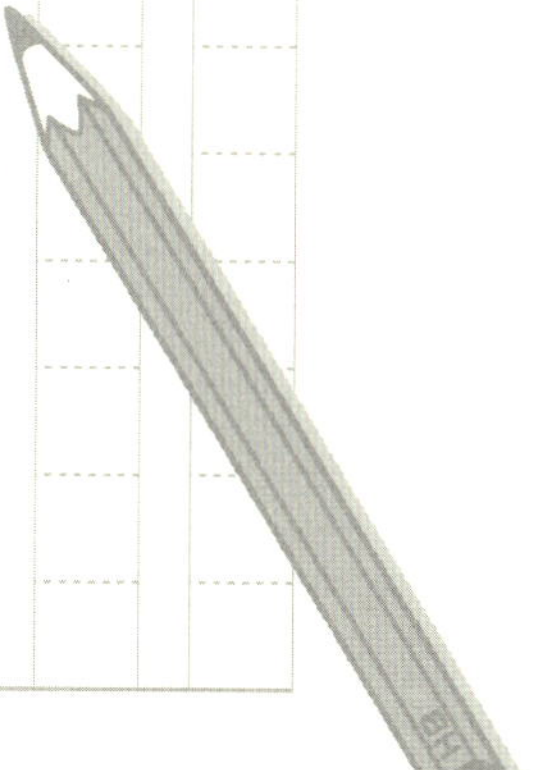

「見たこと」を引き出す問いかけのコツ

お母さんが問いかけても、なかなか「見たこと」が出てこない場合もあります。そんなときは、「そこで最初に目についたのは何かな？」「何をして遊んだのかな？」と、子どもの記憶を整理し、具体化する助けになる質問をします。たとえば、

・すべり台
・船（の形をした遊具）
・テニス
・野球
・オモチャ屋さん

こんなキーワードが出てくるだけで、もう十分です。そこには「すべり台」と「船の形をした遊具」があって、子どもがそれで遊んだということがわかります。テニスコート、野球のグラウンドもあるなら、かなり大きな公園らしいということも想像できます。帰りにオモチャ屋さんに寄ったのかな？　そんなことを思い浮かべながら、その日の流れがだいたい見えてきます。

第1章で「ツーリング」をテーマにした作文を紹介しましたが、最初からあそこまで書けたわけではありません。「ツーリング」というテーマをもとにして、子どもから言葉を引き出していった結果、最終的に、きらりと光る表現が入った作文になったのです。引き出すといっても、特別な技術が必要なわけではないので心配ありません。

次の会話は、「ツーリング」を書いた子どもに、私がどんな「声かけ」をしたのかを再現したものです。いくつか書くことの候補をあげたなかから、「ツーリング」を選んで、そこからどんなことを書いていくか聞きながら、キーワードをメモしている場面です。

私　「じゃあ、ツーリングについて書くとして、ツーリングで何が見えたか、思い出せそうかな？」

子ども「んー、森とか」

〈「見たことパレット」にここで「森」とメモをする〉

子ども「あとは急な坂道があった」

私　「急な坂ね。ツーリングの話、とても楽しそうだね。ほかには？」

〈「坂」とメモをする〉

子ども「川にも行ったよ」

〈「川」とメモをする〉

私　「川に行った、と。森、坂、川が出てきて、ほかに見えたのは？」

子ども「バイク。バイクも『見たこと』に入るでしょう？」

私　「うん、そうだよ。それは誰のバイクかな？」

子ども「パパのバイクだよ」
〈「パパのバイク」とメモをする〉
私「これはとってもおもしろそうな文章になりそうだね。じゃあ、まずどこから書いていこうか」

こんなふうに「見たこと」をキーワードとして、「ほかにはない？」とうながしながら、出てきた言葉をメモしていけばいいのです。

大切なのは、子どもに「いい作文になるよ」と、この時点から安心させてあげる声かけをすることです。「いいね」というひと言だけで、子どもは「これでいいんだ」と安心して、話しやすくなります。

「見たこと」を引き出すのは、それほどむずかしくはありません。コツがあるとすれば、子どもの気持ちを、その瞬間、その場所に戻してあげることです。思い出すには集中力も必要ですが、子どもはつまらないことには集中できません。なので、子どもの口から出た言葉に対して、必ず反応してあげてください。

「へー、そんなものがあったの。よく思い出したね」

「それはおもしろそうじゃない。もっと聞かせて」

見たことを思い出すだけで「ほめられる」、つまり「認められる」という意識が芽生えれば、子どもはどんどん見たことを話すようになります。

「見たこと」のなかから「書けること」を探す

子どものなかには、たくさんの「見たこと」があります。それを引き出し、どうやって「書けること」を整理していくかが、お母さんの腕の見せどころです。「何が見えた？」からはじまるのが基本ですが、「どんな形だった？」「どれくらいの大きさだった？」と、聞いたことをなるべく具体的に「見たことパレット」にメモしていきます。

子どもによっては、たくさん話してくれるけど、なかなか具体的な内容が出てこない子や、「知らない」「覚えていない」「べつに」と、会話が進まない子もいます。そんなときは、抽象的な質問ではなく、「大きさは、これくらいかな？」と、具体的な事例を出してあげると、子どもは答えやすくなります。

たとえば、カブトムシを見つけた子どもに、「どこで見つけたの？」と聞くと、だいたい「木だよ」という答えが返ってきます。そこで「どんな木だったの？」、さらに答えやすいように「その木は、触ったらツルツルしていた？」など、状況を思い出しやすいように事例をあげれば、「ツルツルじゃなくて、ガサガサしていたよ」と、子どもは自分なりの言葉で答えてくれるはずです。

第1章の「ツーリング」も、そんなふうに言葉を引き出しながら「見たことパレット」をつくりました。子どもが見た「森」について、それがどんな森だったのか、次のようにして引き出しました。

私　**「じゃあ、ツーリング中に見えたもののなかから、森について聞こうかな。森はどんなふうに見えたの？」**

子ども「遠くからだんだん森が見えてきた」

私　**「どうして森が近づいてきたってわかったのかな？」**

子ども「木が……木がいっぱいあるから」
私　「木ってどんな木？」
子ども「どんなって……。フッーの木かなぁ」

思い出すのがめんどうになると、子どもは「フツー」「べつに」という言葉を使うようになります。それは、「もう考えたくないよ」の表れでもあるのですが、「フツーの木」では、文章に入れても読み手には伝わりません。そこで、こちらから具体的なイメージを示して、子どもの考える力をひと押ししてみました。

私　「これくらいの、たとえば小さいクリスマスツリーみたいな木？」
子ども「うーん、そのクリスマスツリーの倍の大きさ！」
私　「形はクリスマスツリーなの？」
子ども「うん、クリスマスツリーみたいなやつだった」
私　「じゃあ、だんだん森が近づいてきて、クリスマスツリーを大きくした

ような木がたくさん見えてきたんだね」

「フツーの木」も、質問しだいでは「クリスマスツリーを大きくした木」になるのです。子どもの「見たこと」を肉づけしていき、言葉をメモとして残す。そのメモをもとにして書かれたのが、第1章で紹介した「ツーリング」です。

大きさ、色、形などを、できるだけ詳しく書く

見たこと作文は、子どもが「見たこと」を書いていくのが基本になります。でも、「○○が見えた」を、そのまま並べればいいわけではありません。

次のページで、子どもが、ディズニーシーへ行ったときのことを書いたものを紹介しますが、まずはなんの指導もなしで、「見たことを書いてごらん」と言って書かせた文章からです。

ディズニーシーには、アトラクションやお店がいっぱいありました。乗り物

のなかには、ゴンドラや船などもありました。特にジェットコースターやはげしい動きをする乗り物がいっぱいありました。

ぼくは五種類ぐらいディズニーのキャラクターが出てくるショーを見ました。ぼくが一番すごかったと思ったショーはブラヴィッシーモというショーで、なぜ一番すごかったかと言うと、へんな大きなかいぶつが湖からあらわれてびっくりしたのと水から火がふき出したからです。


たしかに「見たこと」を書いていますが、これはただ報告しているような感じですね。書かせたいのは、形や色や大きさ、またその場の雰囲気も含め、「行ったことのない人でも読むだけで、その場の様子が浮かぶような文章」です。

そこで、この子の親御さんに大きさや色や形などを詳しく子どもに聞いてもらい、もう一度書いたのが次の文章です。

火の精のサイズは、高さはキリンの高さの三倍で、幅は象の頭から尾までの長さの三倍です。水の精のサイズは、高さは火の精と同じくらいで幅は、火の精の幅の半分くらいです。

それでたまに近くの火山から花火が出てきました。火の精が羽から火を出したりしていました。それに湖の下から火の輪があらわれて火の精がかこまれました。火の精の羽から、花火がボカボカボカと出て来て火の精が燃えました、火の精はボロボロになって丸まりながら沈没する船のように湖に沈んでいきました。

どうですか？「それで」とか「それに」とか、接続詞の使い方には、まだおぼつかないところがありますが、その場の迫力が伝わる、イキイキとした文章になりました。

書けない子には、お母さんの代筆作文で自信をつけさせる

「見たことパレット」が完成しても、自信がもてずになかなか作文を書けない子には、いくつかメモしたことを読んであげてください。自分の言葉が文章のようなものになっていることに、最初は驚くはずです。「自分のなかに、こんなにたくさんの書くことがあること」を子どもに気づかせるのです。

ちなみに、第1章の「ツーリング」は、私のメモを参考に子どもが書いたのですが、書き上げて、彼はいかにも満足気でした。

私　「こんなに書けちゃったね」

子ども「えへへ……」

私　「これだけ書けたのは、きみに作文を書く力があるからなんだよ」

子ども「そっかなあ……」

私　「何を書いていいかわからなかっただけだったんだよ。こういうふうに『見たこと』を書いていけば、こんなに書けちゃうんだよ」

子ども「うん」

私　「きみが好きなテニスのことだって同じだよ。テニスのときに、テニスコートはどんなふうに見えるのかな？　ネットはどういうふうに見えるのかな？　そういうふうに思い出してみると、自分でも書けそうな気がしてこない？」

子ども「うん、ちょっと書けそうな……気がしてきた」

書くことが嫌い、苦手だと思っていた子どもに、「書けそうな気がしてきた」と思わせれば、私のリードの仕方としては大成功です。ご家庭でも、いきなりうまい作文を書かせようとするのではなく、「書けそうな気がする」「書くのは楽しい」と思わせることが第一です。お母さんが「見たことパレット」を作成して、最初はお母さんが

〝代筆作文〟にしてあげてもいいでしょう。見本を見せてあげるのです。もちろん、子どもが「書きたい！」と言うなら、「見たことパレット」をもとに書かせてもかまいません。

自分が思いつくまま話したことが文章になったところで、子どもは大きな達成感を得ます。〝代筆〟からはじめた場合は、それを子どもに読ませて、「ああ、こう書けばいいのか」と少しずつ、慣れさせてあげてください。それを一、二度やって、子どもにお母さんの「見たことパレット」を見ながら清書させるようにしますが、けっして無理強いはしないこと。子どもが「ぼくに書かせて」と、自発的に鉛筆を持つようになるのが理想です。

気軽に取り組ませるための〝魔法の言葉〟

お母さんの「見たことパレット」を見ながら、子どもが自分で書けるようになったら、子どもに作文ノートを渡します。低学年用の一ページ一二〇字くらいのマス目ノートでもいいし、書ける子なら、もっとマス目の細かいものでもいいでしょう。書くこと嫌いの子どもでも、気軽に取り組ませるための〝魔法の言葉〟があります。

〈1〉「～のことをお母さんに教えてくれる？」

勉強ではなく、「お母さんと話をする時間だよ」と伝えましょう。お母さんが話を聞いてくれるんだと子どもに思わせることが大切です。どの子も、ほんとうはお母さんに話を聞いてもらいたいのです。

〈2〉「何について書いてもいいよ」

作文のテーマは自由で、子どもに好きなように選ばせてください。教育に熱心な親御さんほど、「何これ？」「もっとほかにないの？」と大人の価値観でテーマの良し悪しを決めてしまいがちです。**見たこと作文**は、「書くことを楽しむ」ためのものなので、押しつけでは意味がありません。子どもが楽しいと思える題材がいちばんです。

〈3〉「一〇〇字書けたらすごいね。でも書けなくてもいいよ」

見たこと作文は、まず一〇〇字くらいを目標にしましょう。最初はなかなか進まないかもしれません。でも、一〇〇字はあくまで目安であり、それをクリアするのが最終的な目的ではないのです。一行でも書いてあれば、それでマル。一〇〇字書けたら、「すごい！　花マル」というスタンスで向き合ってください。書くことに慣れれば、一〇〇字はあっという間なので、子ども自身にも進歩が見えやすいというメリットもあります。

〈4〉「『見たこと』をひとつぐらい書けたらいいね」

子どもが「見たこと」を書いてるなと思ったら、内容はともかく、まずはほめることが大切です。一行でも書いてあれば、ほめる。それ以外にも、漢字を使っていたら、ほめる。一〇〇字書けていたら、ものすごくほめる。ほめられることで、子どもは「お母さんに認められた」と思い、作文を書くのが楽しくなってきます。

また、子どもが書いた作文の横に、何かコメントを残してあげてください。「よくがんばったね」「次も楽しみにしているね」。お母さんのちょっとしたひと言には、子どものモチベーションを高める、不思議な力があるのですから。

見たこと作文用ノート

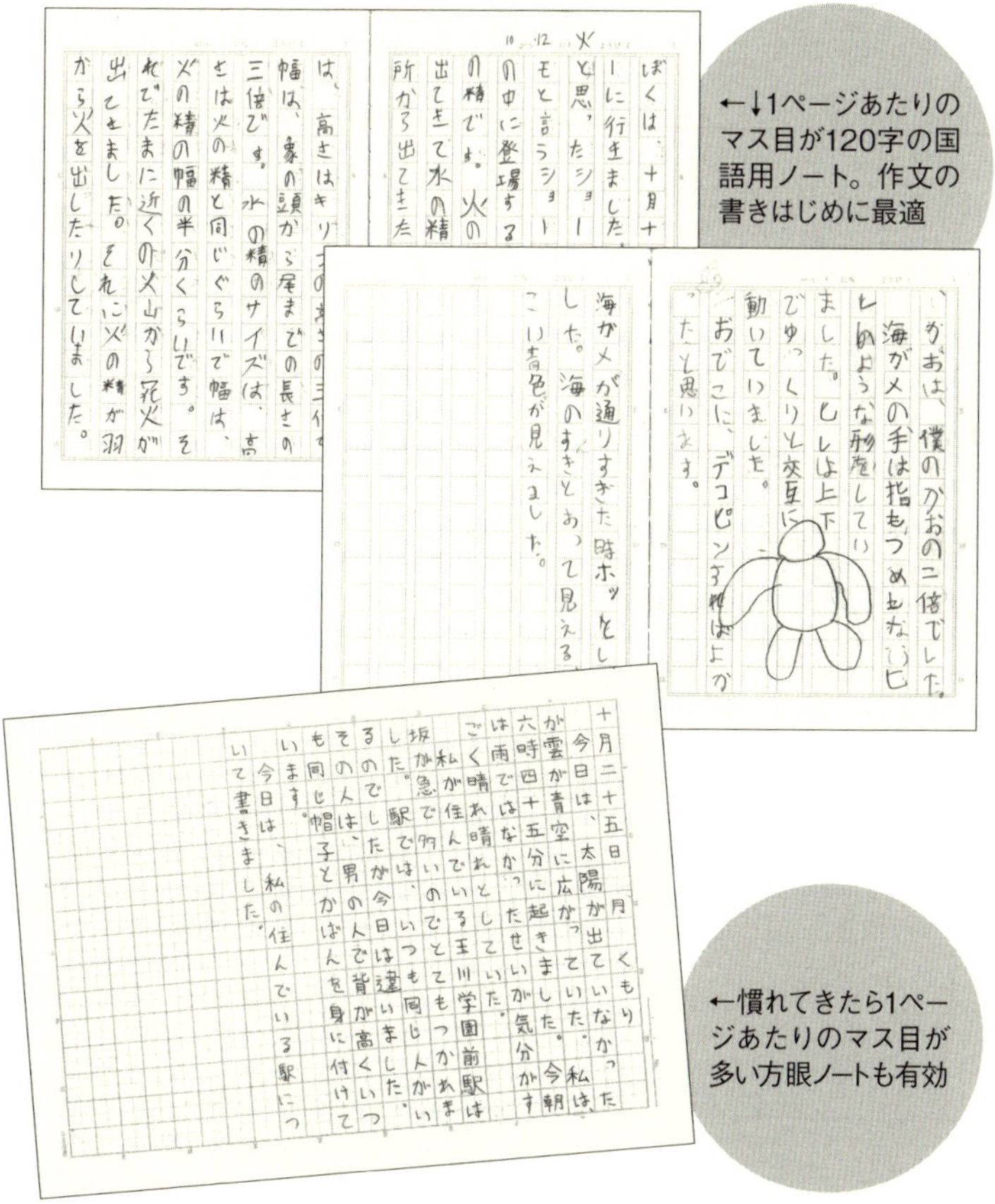

←↓1ページあたりのマス目が120字の国語用ノート。作文の書きはじめに最適

←慣れてきたら1ページあたりのマス目が多い方眼ノートも有効

見たこと作文で使うノートはどんなものでもかまいませんが、「こんなに書けた！」と子どもに自信がつくよう、なるべく文字数がわかりやすいものがいいでしょう。たとえば、市販の学習帳だと、1マスが大きい120字詰めノートなどありますし、もしたくさん書けそうであれば、いちばん下のような方眼ノートでもいいでしょう。

見たこと作文は、やる気を伸ばす絶好のチャンス

保護者面談をしていて残念に思うのは、「これをしたことによって、何を得ることができるのか」という発想で、子育てを考える親御さんがいることです。そういう親御さんがもっとも気にするのは、ほぼ例外なくペーパーテストの成績です。点数がよければ「成果があった」、悪ければ「無駄だった」。そんなふうに考えているようです。その気持ち、わからないわけではありません。誰だって、自分の子どもには勉強ができるようになってほしいし、成績も上がってほしい。親として当然の思いです。

しかし、ペーパーテストの結果は一時的なものです。その点数だけですべてを判断しては子どもがかわいそうです。学ぶことは損得ではなく、ものの見方や考え方をゆたかにして、生きるために必要な力を身につけることが目的です。

たとえ、いまは成果として表れていなくても、学んだ蓄積はけっして、無駄にはならないのです。目に見えないものにも価値があることを、親御さんにもしっかり理解してほしいと思います。

親御さんが目先のペーパーテストの点数にこだわっていると、子どもは「テストでいい点数が取れなければ、ほめられない」と思うようになり、「目に見えないものにも価値がある」という考え方ができないようになります。小学生のころからテストの点数に執着し、解答のテクニックなどを覚えていっても、それでは中学、高校の応用問題に対応できなくなってしまうのです。

「ほめられた→認められた」が、子どもの自信の源

とはいえ、子どもに「目に見えないものにも価値があるんだよ」と言っても、なかなか理解できないでしょう。テストの点数を見て、「また、お母さんに怒られる」と、憂うつになっている子どももたくさんいると思います。

子どもに「目に見えないものにも価値がある」ことを実感させるもっとも有効な方

法は、ここまで繰り返し述べてきた「ほめること」です。

見たこと作文で書いた文章に、自信満々の子どもはほとんどいないはずです。だいたい、「これでいいのかな」「たいしたこと書いてないから、お母さんに何か言われるかも」、そんなふうに感じているかもしれません。そこで、とにかく「ほめる」のです。「見たこと」を細かく書けていたら、漢字がまちがっていても、文章が多少おかしくても、「ここがとてもいいね」とほめてあげる。すると、「これでいいんだ」と、子どもは気軽に取り組めるようになります。そうなると、**見たこと作文**にも前向きに取り組めるはずです。

勉強へ取り組む姿勢を身につけるにも、ゆたかな感性を養うにも、その土台となるのは、「親に認められている」という意識を子どもがもつことです。そして、認められることで、子どもが精神的に満たされていることです。このふたつがあれば、たとえすぐに成果が出なくても、将来必ず〝成長の証《あかし》〟が表れてくるはずです。

見たこと作文も、最初から、目を見張るような成果は出ないかもしれません。でも、子どもが書いた「見たこと」のなかににじみ出る、うれしいことや悲しいことなど、心の動きを親が受け止め、それを親子で話し合っていくようにすれば、やがて、お母さんをびっくりさせるような、ゆたかな感情表現に出合うときがくるはずです。

子どもが自発的に語ることにはとことんつき合う

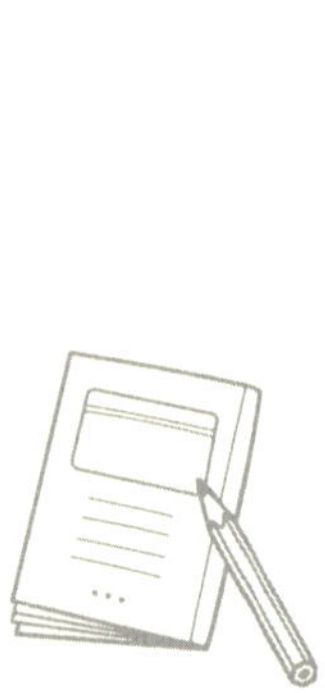

親御さんたちに見たこと作文の進め方を解説してきた経験からいうと、「見たことパレット」の段階で、「こっちの思っているようなことをぜんぜん話してもらえない」といった壁にぶつかるお母さんも多いようです。

そんなとき、あせってしまい、「違うでしょう！」「こうでしょう！」などと言ってしまいがちですが、主役はあくまでも子どもです。子どもが話したくなるまで、まず根気よくつき合ってください。見たこと作文は、「字数にこだわらず、とにかく書く」「少しずつでいいから続ける」ことが大事なので、大らかな気持ちで接するのがポイントです。「書くことを好きにさせる」ことが、最初の大きな目標です。

これはあるお母さんのケースですが、車が大好きな子どもと「見たことパレット」を作っていたら、「ポルシェのことを書きたい」と言われたそうです。子どもの自発的な言葉ですから、反対する理由はありません。ところが、いざ話しはじめてみると、出てくるのは歴史や性能の話ばかり。「見たこと」ではないので、お母さんはどうしたものか悩んだそうですが、子どもが夢中に話しているので、その聞き取りメモをもとに書かせてみたら、こんな文章になりました。

ぼくは、ポルシェ911GT3が好きです。ポルシェという名前はフェルディナンド＝ポルシェに由来しています。かれは、国民の車、フォルクスワーゲンをつくりました。そしてポルシェのデザインとせっけいはフェルディナンドの息子、フェリー＝ポルシェにまかされます。

ポルシェをつくるには、フォルクスワーゲンの部品をかいりょうしないといけません。そして出来上がったのがポルシェ356です。数十年たつうちにデザインは5回変更されました。

たしかに、「見たこと」とはいいがたいものなので、お母さんが悩んだのも無理はありません。歴史からはじまり、ポルシェに関する情報がずらりと書き出されているのですが、この知識はすべて、ポルシェがテーマとなっていたテレビ番組から得たものだったそうです。私はまず、「見たこと」かどうかよりも、小学校三年生で、ここまで正確にテレビ番組の内容を覚えている記憶力に驚きました。

それだけでなく、記憶したことを順序立てて、言葉で伝える力ももっています。こういう良いところを認めてあげることが何よりも大切です。そのうえで、お母さんが期待しているような「見たこと」を導くにはどうしたらいいでしょうか？

私なら次のように聞いてみます。「すごい、ほんとうにポルシェに詳しいんだね。でも、ポルシェをよく知らない人もいるから、見た目がどんな感じなのか教えてあげれば、もっといいよね」ポルシェという好きなテーマですから、子どもは喜んで話すはずです。

「ポルシェはどんな形？　色は？　大きさは？」自分が好きなものを、もっともっと知ってほしい、という思いがある子どもは、具体的な言葉でどんどん話してきます。それを「見たことパレット」にするのです。

「どうだった？」よりも、「たとえば○○？」を効果的に使う

今日は学校の遠足。帰ってきたら、**見たこと作文**の聞き取りのために、子どもに遠足のことを聞いてみましょう。そんなとき、あなたならどんな問いかけをしますか？

たとえば、こんな会話パターンがよくありそうです。

「遠足、どうだった？」

お母さんは、子どもが楽しそうにあれこれ話してくれることを期待しますが、

「どうって……フツーだよ」

「あら、そう……」

あんまり楽しくなかったのかな。ひょっとして、何か嫌なことがあったのかも。子どもの返事が素っ気ないと、親はいろいろ心配してしまうものですが、これはただ、聞き方がよくないのです。「どうだった？」と聞かれても、子どもは何を聞かれてい

るのかわかりません。聞き方が漠然としていて、答えようがないのです。特に、話すのがあまり得意ではない子どもの場合、抽象的な質問ではさらに答えにくいはずです。

朝出かけてから帰ってくるまで、子どもはいろんなものを見ているので、「どう？」と言われても何を話していいかわかりません。だから「フツー」「べつに」となってしまうのです。もっと具体的に、答えやすい聞き方をする必要があります。

「どうだった？」と聞いて「フツー」と返ってきたら、「景色すごくきれいだったでしょ？」と、お母さんのほうから具体的なものや状況を想像して、問いかけます。お母さんが言っていることが近ければ、子どもは「うん」とうなずくし、見当はずれなら、「そんなことないよ」と言い返してきます。どちらにせよ、そこが言葉を引き出す突破口になるのです。

たとえば、学校のクラスでちょっと遠い公園に行ったとしましょう。どんな場所だったのか知るために、いくつか質問してみます。

私　「どんな公園だったの？」

子どもが考えあぐねているようであれば、

私　「たとえば地面はどんなだった？」

子ども「緑の草がはえてた」

芝生の広場か原っぱのようなものがあるようです。

私　「公園にいる人は、どんなことして遊んでたの？」

子ども「野球とかテニスとか、してる人がいた」

グラウンドもテニスコートもある、かなり大きい公園のようです。

私　「いちばんよく覚えてるものは何かな？」

子ども「……犬がかわいかった」

犬を散歩させている人がいたようです。

こんなふうに、子どもが答えやすいような質問をしてあげてください。

「お父さんと公園で野球」。そんなテーマで作文を書く前は、こんな会話をしました。

私　「野球のときバットにボール当たる？」
子ども「当たる。当たるとうれしい」
私　「うれしいんだね。当たるとボールはどうなるの？」
子ども「ちょっとだけ高いところにいく」
私　「ちょっとだけって、たとえば、お父さんの背と比べたら？　お父さんの背よりは低いかな？」
子ども「うん」
私　「お父さんの背より低いくらいにボールが飛びました。このボールはどうなっちゃうの？」
子ども「草に邪魔されて……」
私　「草のところに転がっていって止まるの？」
子ども「うん」

バットに当たったボールがどうなったのか。それだけを「〇〇かな？」と聞いていくだけで、書くときはずいぶん具体的な文章になるはずです。

「フツー」対策は、あえて外した質問が効果的

いまの子どもにとって、「フツー」という言葉は便利な言葉かもしれませんが、すべて「フツー」で終わらせていたら、「相手にわかりやすく伝える力」は伸びません。こんなとき、私は「あえて外した質問」を投げかけるようにしています。

これは別の子どもの例ですが、お父さんと公園に行ったことを聞き取りしているとき、私がその日の服装について尋ねると、子どもは「フツーだけど」と答えました。そんなに特別なかっこうではなかった、ということでしょう。でも文章にするには、できるだけ詳しい描写がほしいところです。そのときの問いかけはこのような感じでした。

私　「そのとき、どんなかっこうしてたの？」

子ども「かっこうはまあ、フツーだけど」

子どもが「フッー」と言うのですから、半ズボンにTシャツ、といったところでしょう。でも、ひょっとしたら違うかもしれない。どちらであれ、わかりやすく伝えるには、もっと具体的な言葉が必要になります。そこで、

私　「**ふーん、フッーに浴衣とか着てたのかな？**」

これが外した質問。ふだん公園で浴衣を着て遊ぶ子どもは、まずいません。

子ども「**え!?　浴衣なんか着ないよ。浴衣じゃなくて、こういうの**」

その子は、自分の着ている服を指しました。どうやら、Tシャツを着ていたようです。お父さんのかっこうも聞いてみると、「パパは汗かきだから……」と言ったまま、言葉が止まってしまいました。答えようとしているのに、言葉が見つからないのです。そこで、また外した質問をしてみます。

私　「**汗かきなら、水着かな？**」

すると、

子ども「**水着じゃないよ、えっと、肩のところから先がないやつ？**」

私　「**あ、ノースリーブのシャツだね。こういうやつね**」

外した質問をすると、子どもは「え？　違うよ？」となり、一生懸命に訂正しようとするものです。「フツー」が出たら、この方法をぜひ試してください。

絵を描くつもりで聞けば、子どもの想像力はふくらむ

見たこと作文のための聞き取りメモをつくるときに、もっとも大切なポイントは、「お母さんが、子どもの『見たこと』を具体的にイメージできるかどうか」です。

子どもが「見たこと」を一生懸命話そうとしても、うまく言葉に置き換えることができず、お母さんもいまひとつイメージできないことがあります。それでも作文は書けると思いますが、よりイキイキとした文章にするには、できるだけ細かな情報があったほうがベターです。まず、この文章を読んでみてください。

おじいちゃんとカニをとりに行きました。毎日川に行きました。カニがとれたからカニごはんが食べられました。

どうでしょう。子どもが「見たこと」について、なんとなく想像はできても、どんな場所で、どんなカニを捕ったのかは、要素が少ないのでわかりませんね。

カニを捕りに行ったなら、どんな川なのかしら？　大きな川？　素手で捕まえたのかしら？　毎日川でカニを捕ったのかしら？　カニごはんはおいしかったのかな？

いろんな疑問が浮かぶと思いますが、それを子どもにぶつけてみるのです。

「どんなところでカニを捕ったの？」と話しながら、川の幅や、カニを捕まえたしかけなど、細かくイメージしていきます。もし子どもがうまく説明できないようであれば、紙に絵を描いてもらえばいいのです。子どもがどんな川で、どんなふうにカニを捕ってきたのか、詳しく聞いていくと、次のような文章になりました。

にいがたのおじいちゃんとカニをとりにいきました。川は2メートルぐらいの川はばでした。国語じてんぐらいのおおきさのはこに、魚の頭をしかけて川になげて一日待ちました。次の日にひとつはおじいちゃんがとって、ひとつは

ぼくがとりました。ひもをひっぱるとジャバーという音がしてしかけが出てきました。おじいちゃんが

「カニがはいっている。」

と言いました。中にりんごぐらいのカニが3びきはいっていました。こうらをさわってみると、かたくてゴツゴツしていました。

どうですか。前の文章に比べて、子どもがどんな体験をしたのか、イキイキとしたイメージが頭に浮かんでくると思います。

想像したイメージが、子どもをその場へ引き戻す

カニ捕りの話を書き直すときに、子どもに聞いたのはこんなことでした。

「おじいちゃんはどこに住んでるの？」

「どんなところでカニ捕りをしたの？」

「そのとき何が見えた？」

「どうやってカニを捕ったの？」

「捕れたカニはどんな様子だった？」

「大きさはどのくらい？」

「手で触った？」


もちろん、矢継ぎ早に聞いたわけではありません。一つひとつ子どもの返事を待ちながら尋ねていったのです。こうして、子どもの記憶を呼び覚ますことで、書く内容は大きく変わるのです。「見たこと」をたくさん話させるコツは、その場で感じた気持ちに、子どもを引き戻してあげることです。ただ「どうだったの？」「よく思い出してごらんなさい」と言っても、意識がそこに戻らなければ、なかなかうまく話せません。そこで、具体的なシーンをお母さんが想像しながら、頭のなかで絵を描いていくように、子どもと会話してみてください。想像通りならそれでいいでしょう。違うようなら修正しながら「絵」を完成させるのです。

お母さんが「絵」を想像しながら、「こんな場所だったのかな？」といった具合に話してあげれば、子どもはその言葉に誘われて、そのときの気持ちに戻りやすくなります。そして、頭のイメージと言葉をリンクさせながら、いろいろ話すようになるのです。

大人とは違う、子どもならではの感性を育む

大人の価値観を押しつけない、という点は、第1章でもふれましたが、ここでもう少し詳しくお話ししておきます。

たとえば、家族でドライブに出かけたとします。紅葉の季節なら、「まあきれいね」と、大人たちは当然、そこに目が行きますね。頭のなかに「秋＝紅葉＝きれい」という認識があるからです。

でも、子どもは違います。紅葉には見向きもせず、足元の小さな虫や、となりに止まっているクルマに興味を示すかもしれません。そんなとき、

「ほら、紅葉がきれいでしょ」

と、大人の価値観で感動することを求めても、あまり意味がありません。子どもは子

どもなりの価値観で、まったく別のものを見ています。さらに、一人ひとりまったく違うところに興味を示すものです。そこが子どものおもしろいところです。

大人が「きれい」「おもしろい」「おいしい」と感じるものに、子どもが共感するとは限りません。むしろ、別の視点で見ていることが多いのです。それを「きれいでしょう」「おもしろいと思わない？」「おいしいでしょう」と押しつけては、個性的な感情を抑えることになってしまいます。ここが、子どもが作文を書きはじめる前に、理解していただきたいポイントです。

また、子どもはよく、自分たちでつくった言葉、いわゆる「造語」を使うことがあります。そのほとんどは、親からすれば変な言葉で、「もう、そんな言い方しちゃいけません」となってしまいがちですが、へんてこな造語も、見方を変えれば「創造性が発揮されている」ということです。

「言葉をつくる」というのは、なかなかどうして、おもしろい感覚だと私は思います。その感性と創造性を大切にしてあげてほしいのです。なので、子どもがおかしな造語を使っても、そのまま受け入れてください。好んで使う造語をそのまま残すと、子どもの目に映る世界がそのまま伝わる、臨場感あふれる日記になることもあります。日本語として明らかにおかしい場合は注意も必要ですが、「そうか、○○ちゃんには、こんなふうに見えるんだね。こんなふうに聞こえるんだね」と、できるだけ、子どものなかから自発的に出てきた言葉を生かしてあげてください。

「これでいいんだ」と思わせれば、見たこと作文は成功

海の生物をテーマにした映画を見に行ったときのことを、子どもなりの言葉でまとめた文章を紹介しておきます。

ぼくが3Dメガネをかけたら自分のメガネと重なってダブルメガネで大変でした。スクリーンのウミガメの大きさは、僕がふたりくらいの大きさで、かおは、僕のかおの二倍でした。ウミガメの手は指もツメもないヒレのような形をしていました。ヒレは上下でゆっくりと交互に動いていました。

ウミガメは真正面からこっちにきました。おでこに、デコピンをすればよかったと思いました。ウミガメが通り過ぎたとき、海の青色がこく見えました。その青色はこいけど、すきとおっていました。

どうでしょう。まず、次の一文のなかにある「ダブルメガネ」という表現。

3Dメガネをかけたら自分のメガネと重なってダブルメガネで大変でした。

「そんな変な言い方はしないでしょう」と指摘するのは簡単ですが、3D映画を見に行って実際に3D用メガネをかけたことがある人なら、この状況を伝えるとき、「ダブルメガネ」という言葉は、とても効果的だと思うのではないでしょうか？　言い方としてちょっと不思議な気がしても、このほうが伝わりやすいと思えたら、子どもの言葉を生かしてください。

おでこに、デコピンをすればよかったと思いました。

これも、「デコピンなんて、ふざけた書き方しちゃダメ」と、つい大人は言いがちですが、いいじゃないですか、デコピン。子どもらしいイタズラ心が感じられて、私はとってもいいと思います。そして最後の「その青色はこいけど、すきとおっていました」の一文も、海の美しさが伝わる言葉です。

こういう表現を「おもしろいじゃない」と認めてあげると、子どもは「あ、こういうふうに書いてもいいんだ」「それなら楽しいな」となります。そうなればしめたもの。書くことが楽しくなれば、考える力、想像する力が自然に身についてきます。

第４章
書くのが楽しくなる「見たこと作文」のツボ

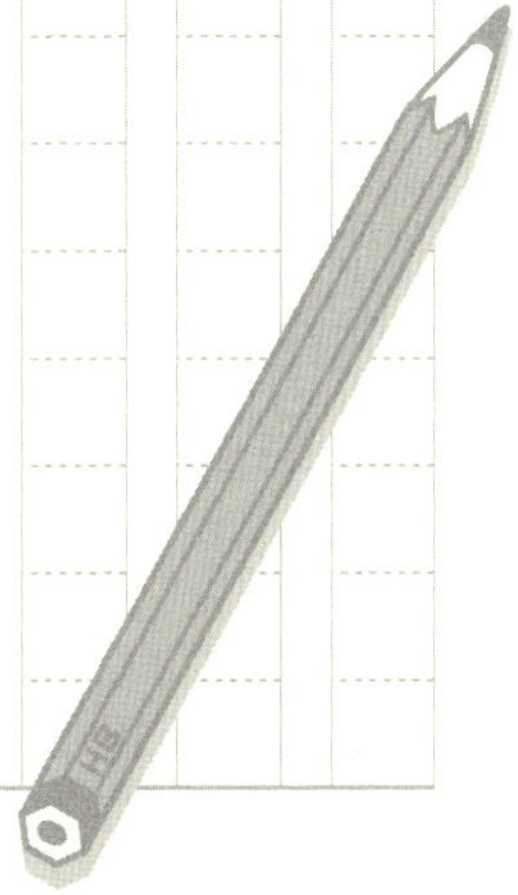

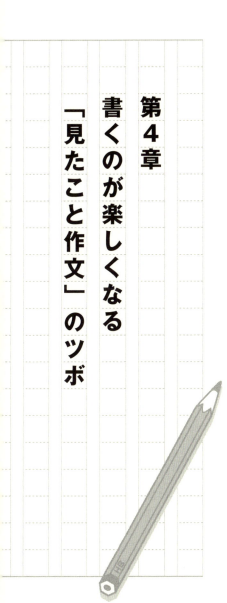

子どもを伸ばす作文の〝ほめポイント〟

さて、いよいよ、子どもが**見たこと作文**を書きはじめてからの話を詳しく解説していくことにしましょう。

見たこと作文をはじめたばかりのころは、内容はともかく、書いてあるだけで「書けたじゃない」とほめてあげるのが第一です。そして、ほめるポイントを、文章の書き方、内容へと少しずつ広げていくようにしてください。ほめられるポイントが具体的なほど、子どもは「そうか、これでいいんだ」とモチベーションを高めていきます。

とはいうものの、お母さんにしてみれば、「国語の先生じゃないのに、どうやって文章をほめたらいいの？」と思うかもしれません。もちろん、先生の代わりをするわけではないので、気楽に考えてください。ポイントさえ押さえておけば、お母さんでも子どもを伸ばすほめ方ができるのです。

見たこと作文のスタイルは「見たことを書く」ことですから、子どもの書いた作文を読むときに意識してほしいのは、『見たこと』が相手に伝わる表現を使っているかどうか」です。「伝わる表現」というのは、ただ「見たこと」、したことを並べるだけでなく、そのときの様子を相手に伝えたいという意欲が文章になっているかどうかがポイントです。たとえば大きさや色、形などについて、子どもなりに説明しようとしていればいいのです。

では、具体的なほめポイントを紹介していきましょう。

〈1〉ものの色や形といった特徴についての表現

「見たことを書く」、見たこと作文の基本的な記述ポイントです。「黒くてピカピカのバイク」「まっかなリンゴ」「海の浅いところで」など。

〈2〉擬音語《ぎおんご》や擬態語《ぎたいご》

その場の様子を臨場感をもって表現するために、擬音語や擬態語は効果的です。子どもらしいユニークな表現も数多く見られます。「キラキラとして」「ゴロゴロころがって」「ぎゅっとにぎって」など。

〈3〉触った触感や、味、音、匂いなどの〝五感表現〟

「見たこと」を書いていくと、視覚情報の多い文章になりますが、耳や手など全身で感じたことを入れていくと、文章に立体感が出ます。「サーという音がした」「やわらかくてかわいかった」「海の匂いがした」など。

〈4〉「〜のような」「〜みたい」といった比喩《ひゆ》表現《ひょうげん》

相手にわかりやすく伝えるには、相手がよく知っているものにたとえる方法も効果的です。これも、子どもらしい表現が多く見られるところです。「おまんじゅうのような形」「猫みたいにまるくなって」など。

〈5〉カギカッコの会話文が入っている

人のセリフを「　」（カギカッコ）つきで入れると、人の動きを含め、その場の雰囲気がより伝えやすくなります。人の心情を表現するときも、「　」のセリフは効果的です。「キャー」「やめてよ」「今日は、みんなでゲームをしましょう」など。

〈6〉新しい知識や人から聞いた話

子どもは日々、新しい経験をして、新しい知識を吸収しています。そうした経験、知識を反映させると、より深く、説得力のある文章になります。「～なのだそうです」「～と言っていました」など。

イメージできない形容詞を引き算してみる

ゆたかな表現力を身につける方法として、子どもに教えたいのが、より具体的な言葉の言い換えです。

たとえば、「大きい」という言葉を使わずに大きさを表す。「悲しい」を使わずに悲しい気持ちを表現する。これらの言い換えを、私は〝マイナス形容詞〟と呼んでいます。この〝マイナス形容詞〟がうまく使えるようになると、状況や心情が、より深く読む人に伝わるようになり、文章にも個性が出ます。

見たこと作文ですから、最初は子ど

「マイナス形容詞」

形容詞をより具体的な言葉に置き換える

もが見て感じた描写をそのまま、文章としてまとめていきます。キリンは「背が高い」、新幹線は「速い」といった表現ではなく、「キリンの顔が青空の中に見えた。新幹線に乗ったら、景色が後ろに飛んでいった」という表現のほうが、イメージが伝わります。ここでも大切になってくるのが親子の会話です。言い換えるといっても、いきなり「違う言葉を考えなさい」では、子どもは戸惑うだけです。最初のうちは、お母さんが「キリンの顔はどんなふうに見えたの?」、「新幹線の窓から何が見えた?」と聞いてみてください。そうすることで、その子独自のユニークな表現が出てきます。そこをほめると会話がいっそう楽しくなり、次々と表現が飛び出してくるのです。

次の文章は、遊園地のジェットコースターに乗ったときのことを書いたものですが、臨場感を子どもなりの言葉づかいで書いているところ(太字)に注目してください。

ゴールデンウィークちゅう、ゆうえんちでバンデットに乗りました。バンデットは丸太のような形をしています。それにのると、キーというううるさい音

がしました。

かんらんしゃが横向きに見えました。一番高いところで、一回止まるといきおいをつけてビューンと走り出しました。

横を向いたら木のてっぺんが見えました。こわいから下は見ませんでした。

急カーブでは**頭が地面にぶつかるのではないかと思いました。**

スピードがおそくなってもとの場所に戻りました。

シートベルトにお腹が当たって赤くなっていました。

どうでしょうか。

かんらんしゃが横向きに見えました。

という言葉からは、ジェットコースターに乗っているときに横に傾きながら勢いよく走っているスピード感が伝わってきます。

頭が地面にぶつかるのではないかと思いました。

という表現では、この子が体感した「こわさ」も伝わってきます。つまり、「速かった」「こわかった」とひと言ですませずに〝マイナス形容詞〟を使うことで、子どもなりの表現をしているのです。

お母さんは、場面を想像して一緒に楽しみながら、わが子の感性がにじみ出るような表現を引き出してあげてください。

「〜みたい」「〜のよう」を使えば、もっとよく伝わる

次は、比喩《ひゆ》についてです。比喩と聞いただけで、「小さな子どもにはむずかしいのでは」と思う方もいると思いますが、あまり堅苦しく考えないでください。比喩は、いってみれば一種の言葉遊びで、日常会話のいろんなところで使われています。

「見たことパレット」を作るときにも、子どもに「どうだった?」と聞くと、「んー、○○みたいな感じかなあ」と答えたりしますが、それも立派な比喩です。子どもは案外、比喩表現になじんでいるのです。もちろん、うまく表現できなかったときは、「たとえば、○○みたいに見えなかった?」「○○に似てなかった?」と、お母さんがたとえを示してあげればいいのです。すると、「○○に似てたかも」「もうちょっと○○っぽかったかも」と、話してくれるはずです。

自分ではない〝ほかのもの〟になってみる

次は、実際に子どもが比喩を使って書いた文章を紹介します。場所はキュウリがなっている畑です。半円状になったワイヤーが続いている場所の内側に、棒が並んでいた様子を書いています。

トンネルみたいなばしょに、丸いぼうにつるがまきついていて、バランスをとってきゅうりがなっていた。

どうでしょう。ただ「畑にキュウリがなっていた」だけでも、「見たこと」なので**見たこと作文**になりますが、それがどんな畑だったのか、どんなふうになっていたのかまではわかりませんね。

ポイントは「トンネルみたいなばしょ」です。ビニールハウスか何かだと思いますが、ビニールハウスを見るのがはじめてだったのかもしれません。名前は知らなくても、なるべくわかりやすく表現するために、「トンネルみたい」という、子どもなりの比喩を使っているのです。

もう少しレベルを上げると、比喩のひとつである擬人法《ぎじん》もあります。人間ではないものを人間にたとえる表現ですが、文章を書くこと、比喩を使うことにおもしろさを感じてきた子どもなら、興味を示すかもしれません。

たとえば、

・火山が「噴火している」↓「怒っている」
・星が「きらきらしている」↓「まばたきをしている」
・風が「すごい勢いで吹いている」↓「ほえている」
・目覚まし時計が「鳴っている」↓「歌っている」

などです。

こんな例をあげながら、「○○が人間だったら、どんなふうにしている感じかな?」と問いかけてあげると、子どもは想像力をふくらませます。物事や状況を人になぞらえて言うのは、実は子どもが小さいころからなじんできた表現方法です。親指を「お父さん指」、人差し指を「お母さん指」なんて言いませんでしたか？　擬人法《ぎじんほう》は、感情移入の初歩的表現といっていいものです。物語の登場人物への感情移入のトレーニングにもなるのです。

アウトドア体験は五感で文章を書くトレーニングに最適

人は、情報のおよそ七割を視覚、つまり見ることによって取り入れているといわれています。**見たこと作文**の第一段階を「見たことを書く」としているのは、こうした背景もあってのことです。「見たこと」は感覚器官で得る情報の最たるもので、それに聴覚や嗅覚などほかの器官で得た情報を加えることで、描写の奥行きがついて、ゆたかな表現になるのです。

たとえば、休日に家族で公園に行ったときのことを作文に書くとします。五感をフルに働かせると、「見たこと」以外にもいろんな要素に気づくはずです。

・嗅覚「土の匂いがした」

・聴覚「木の上から、鳥の鳴き声が聞こえた」
・触覚「冷たい風にほほをなでられた」
・味覚「売店でほかほかの肉まんを食べた」

視覚以外の感覚で感じた要素を加えていくと、その場に居合わせたような臨場感を読む人に感じさせることができます。

五感で感じたことを文章にしていくには、全身をアンテナのようにして、目の前のものや、まわりの状況に向き合う必要があります。こう書くとむずかしく思えるかもしれませんが、好奇心旺盛な子どもは、存在そのものがアンテナのようなものです。環境さえ与えてあげれば、そのアンテナの感度を研ぎ澄ませ、さまざまな表現を身につけていきます。子どもの五感を刺激する環境として、おすすめしたいのはアウトドアです。自然にふれることで、人間が本来もっているアンテナが目を覚まし、見るもの、聞くもの、ふれるものすべてが、子どもの感性を刺激してくれるからです。

ＬＣＡという私が設立した学校の名前は、Ｌ＝ランゲージ（Language）、Ｃ＝カルチャー（Culture）、Ａ＝アクティビティ（Activity）。この三つの頭文字からとってつけたものです。これらは、私の教育に対するこだわりで、特にActivity（アウトドアでの活動）は、教室では得られない感動や感激があることを実感させるかっこうの場となります。学校の行事にもアウトドア活動が多くあります。自然のなかにはさまざまな生き物や創造物があり、その形や色も千差万別です。作文の材料にも事欠きません。

葉っぱの緑も、空の青も、同じものはどこにもない

いまの子どもたちは、自然にふれる機会がほんとうに少なくなっています。これは家庭だけでなく、教育現場の問題でもあるのですが、自然のなかで自由に、思いきり走りまわる経験をしている子は、とても少ないのです。

自然は最高の教材です。テレビやインターネットで、生き物や草花の知識を増やすことはできても、それを使える知恵にするには、やはり自然のなかに身を置くのがい

ちばんです。風の音、水の流れ、土の感触、木々の緑や匂いなど、五感をフルに使って感じることが大事なのです。そういう思いから、私は積極的に、子どもたちをアウトドアに連れ出すようにしています。

自然のなかには、さまざまな生き物がいます。鳥のように空を飛ぶものがいれば、リスのように木の上を器用に動きまわるものもいます。足元には小さな虫がいるし、さらに、小さな微生物も一生懸命に生きています。子どもたちにとっては、はじめて目にするものも多いはずです。

また、自然界に同じものはけっしてないことを知る経験にもなります。木の葉は「緑」ですが、一枚一枚の葉っぱの緑は微妙に違っています。空は「青」ですが、夏の青と冬の青はまったく別物です。これまでは、ただ「緑の葉っぱ」「青い空」と書いていたのが、自然のゆたかさや多様さを実感すると、「どんな緑かな?」「どんな青かな?」と、考えるようになります。

それを文章にすると、たとえ同じ空を見上げていても、感じ方、表現の仕方はそれぞれ違うことにも気づくでしょう。自分なりの感じ方や表現の大切さ、おもしろさを教えてくれる意味でも、自然は最高の教材なのです。

命の不思議と向き合う機会にもなる

私が子どもたちを連れて、釣りに行ったときのことです。魚を釣り、その場でさばき、食べる体験をしましたが、そのあとで書いた文章には、子どもの個性が見事に表れていました。

ヌルヌルするのが嫌で、どうしても魚に触るのが苦手な子がいました。魚に触ったときの感覚を、「動物園でさわったヘビのようだった」と書いた子もいました。

さばく過程で、魚にも人間と同じような血が流れ、内臓があり、心臓が動いていることに気づき、興味をもった子もいました。ふだん、何げなく食べている魚にも、自分と同じ命があると感じたのなら、かけがえのない経験になったと思います。

魚を釣って、食べた。たったこれだけの体験なのですが、子どもたちはそこから、いろんな発見をしています。そうした発見をゆたかな文章表現に結びつけていくには、記憶が鮮明なうちに文章を書かせるのが一番です。魚釣りのあとで書いた子ども（小学校5年生）の作文をひとつ、紹介しておきましょう。

石の上で黄色と赤のウキを見ていた。ウキはゆっくり下のほうへ流された。つりざおがブルブルってなったので引っぱった。魚はびちゃびちゃあばれた。太陽の光があたってうす黄色になっている川に、魚のせなかが黒く見えた。魚があばれて服がぬれた。糸をつかんだらまだピチピチあばれていた。（中略）はじめて魚にさわってみた。ぬるぬるしていた。魚の目もさわってみた。ナイフの先で魚の目をおすと白目になった。はなすとまたもとの黒と黄色の目にもどった。しっぽはザラザラとしていた。ちょっとかたかった。

「太陽の光があたってうす黄色になっている川に、魚のせなかが黒く見えた」といった情景描写もすばらしいですが、ここで注目していただきたいのは、後段のほうです。

ぬるぬるした魚の感触。その魚の目にナイフを当てています。お母さんのなかには、「残酷」と感じる人もいるかもしれませんが、私はそうは思いません。おそらくこの子には魚をいたぶるような感覚はなかったはずです。私は、命の不思議さを、小さな心でまるごと受け止めている、そんなふうに感じました。親は、大人の感覚ではなく、生身の子どもの心に寄り添って読んであげることが大切ではないかと思います。

文字数にはこだわらず「勢い」にまかせる

ここでは、左の文章をまず読んでみてください。小学校3年生の子どもが、「水族館のナイトツアー」に行き、夜の水族館で目にしたことが書かれています。

暗い水そうに20センチぐらいのイワシみたいな魚のむれが見えました。むれが曲がる時にウロコが宝石みたいに銀色にキラキラ光ったのでむれの行き先がわかりました。

下の方を見ると一カ所だけ急に深くなっているところがあって、そこに一ぴきのエイがいました。魚のむれからはなれた魚が口の中に入ったと思ったらエイが口を閉じました。

ここまでの字数としては一六〇字程度。**見たこと作文**の文字数としては、これだけで十分です。でも、子どもたちが「見たことを書く」のに慣れてくると、量はどんどん増えてきます。

実際にこの子は、さらに次のように書き続けています。

水そうの深く暗い所からは大きな目のウツボが見えました。どこか一カ所を見ている感じにボーとしていました。

べつの部屋に行くと、四角い水そうや円ちゅうの水そうがたくさんありました。ひとつの水そうには、青、緑、茶色、白、黒、水色などのくらげがいて、ポヨンポヨンと動いて、水そうのガラスにぶつかったり、ほかのクラゲにあたったりしていました。

最後までの文章量は四〇〇字程度になります。子どもが「書きたい」と思うなら、勢いにまかせて、どんどん書くだけ書いていいのが**見たこと作文**なのです。子どもの

「思い」を優先してください。

宝石みたいにキラキラ光るウロコ。小魚を待ちかまえ、口に入ったら悠然と閉じたエイ。一カ所をボーッと見ているウツボ。ポヨンポヨンと動く、青、緑、茶色、白、黒、水色の色とりどりのクラゲ……。書くと決めた水族館ナイトツアーの情景が、次から次に浮かんだのでしょう。しかも、その「浮かんだ情景」に、子どもならではの感性が光っています。特に秀逸なのは、魚の群れの動く方向をウロコが発する光で感じているところです。魚の動きを「光の動き」ととらえているところに、「文学的」ともいえるほどの比喩表現があります。もちろん、この子は「文学」などと大仰に意識しているわけではありませんが、私は〝才能の片鱗《へんりん》〟を感じます。

特徴をとらえる視点を養う「動物あてクイズ」

水族館でも動物園でも、子どもは生き物を見て観察するのが大好きですから、**見たこと作文**のテーマとしてもおすすめです。そのとき大切なのは、生き物の特徴をどうつかむかです。正確につかめば、相手にわかりやすいように伝えられますが、つかめないと文章も味気ないものになってしまいます。

そこで、クイズ形式の言葉ゲームを紹介しておきましょう。用意するのは紙と鉛筆です。まず、子どもにお母さんには内緒で動物を思い浮かべさせます。ライオンでもトラでもオオカミでも、なんでもＯＫです。そして紙の中央に白い円を描かせます。そして、そのまわりに、動物の特徴をどんどん子どもに書いてもらうのです。お母さんはそれをヒントに、子どもが思い浮かべた動物の名前をあてます。

たとえば、「色は黄色と黒のしましまもよう」「大きさはライオンと同じくらい」「顔はネコにちょっとにている」「歯はとってもするどい」「ガオーッというこわくて大きな鳴き声」「走るととても速い」、子どもがこんな特徴をあげたとします。

お母さんは、わかったら真ん中の円に答えを書きましょう。答えは「トラ」ですね。

お母さんから子どもにも出題してみよう

このゲームのポイントは、トラをなるべくたくさんの視点から見て、特徴をあげられるかどうかです。最初は、見た目だけの特徴をあげる子どもが多いのですが、「鳴き声はどんな感じかな?」「走るのは得意かな?」など、視点を変えるような質問をすると、子どもも楽しくヒントを考えるはずです。ひとつの対象をいろんな視点から見るためのトレーニングですから、動物ではなく、植物でも人間でも、テーマはなんでもかまいません。たとえば、こんなヒントが出たとします。

「花はすべすべ、葉はつるつる」

「なかに親指姫が眠っていそうな花の形」

動物あてクイズで楽しもう

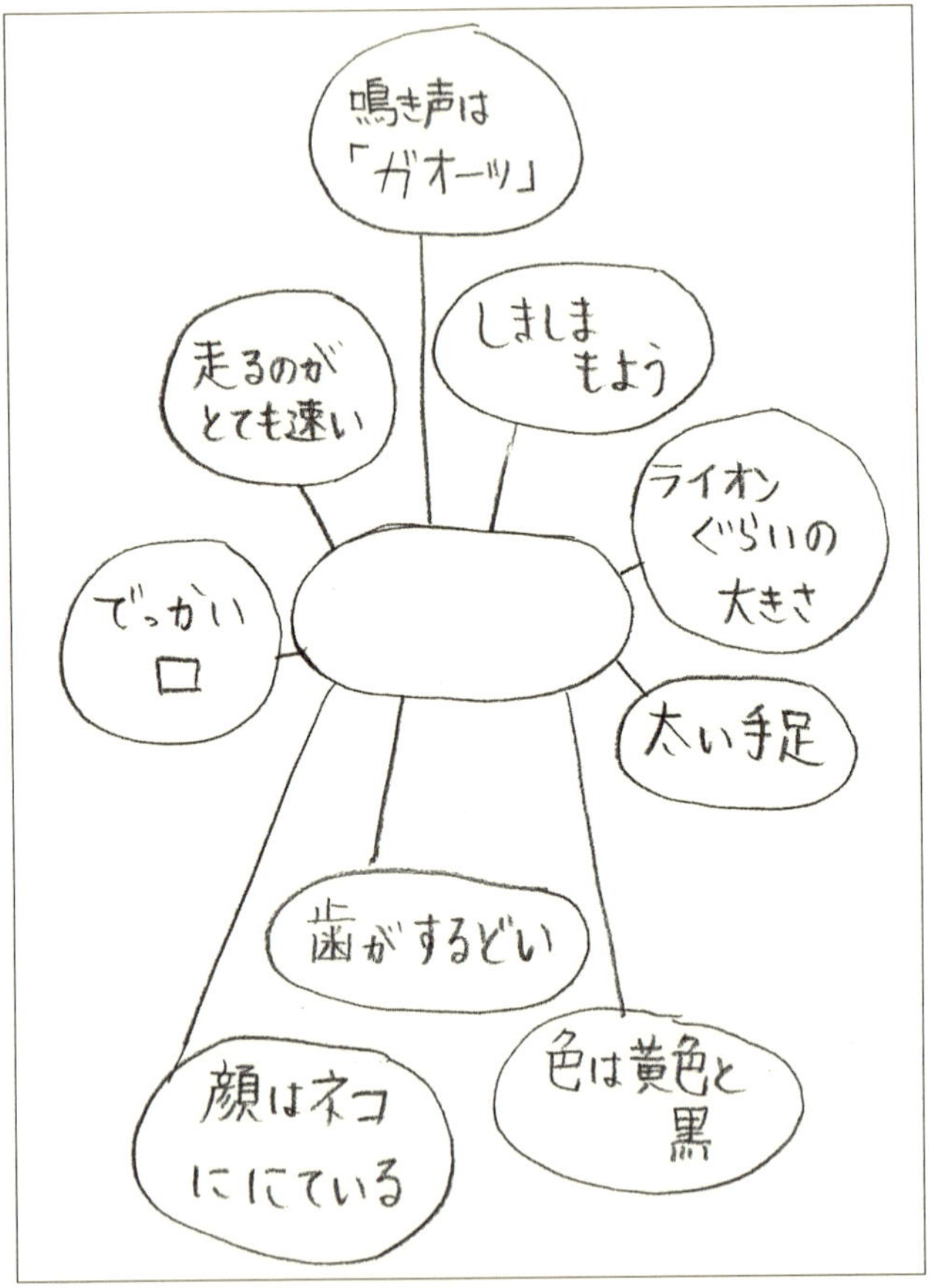

「動物あてクイズ」は、子どもが出題者になります。真ん中は空白にして、まわりに動物の特徴をどんどん書かせます。特徴をあげればあげるほど、子どもはさまざまな視点で見ることになるので、「ヒントを10個くらいちょうだい」とうながしてもいいでしょう。見たこと作文の代わりに書いて、親御さんに渡すというのも気分転換になります。

「赤、黄色、むらさき、ピンク、いろいろ」

「花が咲くのは春」

「大きさは三〇センチくらい」

「学校によくはえている」

答えはわかりましたか？ そうです、「チューリップ」ですね。


テーマを変え、ときにはお母さんが問題を出し、子どもが答えるようにしてあげると、より楽しくできると思います。ただ作文ノートに向き合うだけでは、子どもが飽きることがあります。たまにはゲーム形式の遊びも取り入れ、子どもが楽しみながら発見できるような環境をつくってあげてください。

「ビューン」「バッシャーン」で臨場感が違ってくる

次はこんな文章を紹介しましょう。

ビューン。わー、みんながよく見える。先生が私を手に乗せて、高い空の上に持ち上げた。もうすぐ、くもに手が届きそうだった。そうしてリラックスしたらいきなり、バッシャーン。水の上におっこちた。水しぶきが1メートルぐらいはなれたところまでとんでいった。

なんとも不思議な文章ですね。五年生の子どもが課外活動で先生と一緒に海で遊んだときのことを書いたものです。海で先生に持ち上げられると、

もうすぐ、くもに手が届きそうだった。

この子にとって、ほんとうに高く持ち上げられた感じだったのでしょう。実に子どもらしい、イキイキとした表現だと思います。

ほかの表現からも、この文章の臨場感、勢いを感じる人もいると思いますが、その理由は「ビューン」「バッシャーン」という擬音語《ぎおんご》が、効果的に使われているためです。これも、文章表現をゆたかにするテクニックのひとつです。

擬音語は音を表現した言葉で、「扉をドンドンたたく」「せんべいをバリバリかじる」など、特別意識しなくてもごくふつうに使われています。一方、擬態語《ぎたいご》は人やものの動き、様子を表す言葉で、「かみの毛がサラサラだ」「ばれないかとヒヤヒヤした」など、これも擬態語などと考えずによく使っています。

見たこと作文でも、擬音語や擬態語をうまく使うと、読む人によく伝わる文章になります。お母さんが作文を読んで、「ここは擬音語や擬態語の出番かも」と感じる箇所があったら、後日、「あのところ、こんなふうに書けるんじゃない？」とゲーム感覚で問題を出してあげましょう。たとえば、「雨がふっていました」とあったとき、それがどんな雨なのかわかれば、状況をイメージしやすくなりますね。そこで、こんな問題です。

「雨が□とふっていました」と空欄をつくって、子どもに出題するのです。

強い雨なら「ざあざあ」、弱い雨なら「ぽつぽつ」。大人が考えるとこういう感じですが、子どもはもっと別の擬音語を思いつくかもしれません。

擬態語に関しても同じで、たとえば、

「ドアが□と閉まりました」と問題をつくってみます。「ばたん」なら、特に意味はなさそうですが、「バーン」となると、そこに閉めた人の気持ちが表れていそうです。

擬音語も擬態語も、そのときの様子をイメージしやすくするために使いますが、文章を書いている子どもの喜怒哀楽を表現することもできます。「しとしととふる雨」と書くと、なんとなくさみしい様子が伝わるし、「目がキラキラと光る」と書くと、なんとなく前向きな気持ちが伝わってきます。文章表現を楽しむために、擬音語や擬態語にぜひ親しんでみてください。

接続詞の使い方ひとつで、文章がランクアップ！

見たこと作文は「見たこと」をそのまま書き、子どもに書くことの楽しさを感じてもらうためのものです。小学校低学年、中学年くらいまではこれで問題ありませんが、将来、高校生や大学生になると、「論理的な文章」を求められるようになります。そこで、子どもたちが苦に感じない程度にトレーニングをしてみるのもいいでしょう。

もっともやりやすく、効果があるのは「接続詞」の使い方をマスターすることです。ふたつの文を結ぶ接続詞の使い方で、文章の印象は大きく変わります。「しかし・けれども・ところが」など、逆説の接続詞の使い方をまちがえると、まったく別の意味にもなりかねません。子どもに接続詞について説明する前に、ここで少し復習しておきましょう。接続詞にはいくつか種類があります。

〈１〉順接の接続詞

「だから・すると・それで」など、前の文章の当然の結果として、後ろの文章を導く場合に使います。子どもにも使いやすい接続詞です。

エレベーターの前に立った。するとドアが開いた。

私は悪くない。だから謝るつもりはない。

〈２〉逆説の接続詞

「でも・しかし・けれども・ところが」など、前の文章に反する内容の文章を書く場合に使います。子どもも使いやすい接続詞ですが、文章の前後を考えずに、順接なのに、「しかし」となってしまうこともけっこうあるので注意が必要です。

雨が降ってきた。でも僕は傘をもっていなかった。

ぼくは六年生だ。けれども五年生よりも背が低い。

〈3〉添加の接続詞

「そして・それから・さらに」など、前の文章につけ加える内容を書くときに使います。これも使いやすい接続詞です。

雨がふってきた。そして雷まで鳴り出した。

宿題がたくさん出た。さらにピアノのけいこもある。

〈4〉補足の接続詞

「なぜなら・というのは」など、前の文章に関する説明などを続けるときに使います。LCAの子どもは英語で「because」(なぜなら〜)を授業でよく使うので、自分の気持ちや思いを伝えるときに、「私は○○だと思います。なぜなら〜」という言いまわしに慣れています。

○○くんは正しいと思います。なぜならぼくも同じ経験をしたからです。

反対です。というのもその日は家にいないからです。

〈5〉対比の接続詞

「あるいは・または」など、前の文章と対比する内容を書くときに使います。低学年ではなかなか使えない接続詞で、一般的には、高学年になって、論理的な内容を書くときに使うようになります。いますぐにではなく、少しずつ覚えていけばいいでしょう。

学校へ行くには、バス[または]電車を使います。
先生に話すか、[あるいは]話さないかの、どちらかです。

〈6〉転換の接続詞

「ところで・さて・では」など、前の文章と別の内容を書くときに使います。これも、低学年では少しむずかしい接続詞です。使いこなすのは、高学年になってからでもかまいません。

ごはんはおいしかった。[ところで]デザートはなんだろう。
ごちそうさま。[さて]そろそろ帰るとしましょうか。

まちがった使い方をしても、けっして怒らないこと

子どもに書かせると、大人からすると違和感のある使い方をすることもありますが、そこで「違うでしょう！」と決めつけないでください。まちがいは正さなくてはいけませんが、それはいつでもできます。それよりも、「どうしてその言葉を使おうと思ったのか」を確認することです。まったく勘違いしているのかもしれないし、使い方は理解しているのに、あえて違う接続詞を選んだのかもしれません。そこをはっきりさせてから、まちがいなら直してあげましょう。柔軟な対応が必要です。

接続詞をうまく使いこなせるようになると、「～でした。～でした。」と途切れ途切れになる子どもっぽい記述から、文章同士の関わりが生まれる論理的な文章になります。強制する必要はありませんが、少し作文が書けてきたと思ったら、チャレンジさせてみる価値は大いにあります。

読む人の心をつかむ書き出しを考えよう

物語文で、書き出し部分に心をひきつける文章があると、どんどん先が読みたくなります。物語作品だけでなく、子どもたちの書く**見たこと作文**でも、書き出しがおもしろければ、お母さんはその先に期待するはずです。最初は「今日は○○をしました」と決まりきった書き出しが多いと思いますが、慣れてきたら、少し工夫するように話してみましょう。

いわゆる「つかみ」のある一般的な書き出しとしては、文章全体のテーマを象徴するような場面で書き出す方法があります。遠足であれば、朝、学校に行くまでの景色やバスから見えた景色、バスを降りたときに最初に見えたものなどを書いてみる。また、友だちと交わした会話などで書きはじめると、読む側は臨場感を感じて引き込ま

れます。

次の、おばけ屋敷について書いた女の子（小学校3年生）は、おばけがとても嫌いで「憂うつだった」と話していました。そこで「入る前はどんな気持ちだったの？」と聞くと、「ハァ〜って感じ」と答えたのです。「それはとてもおもしろいね」と話したら、こんな書き出しになりました。

LCAのコスチュームパーティーにはおばけやしきがある。わたしはおばけがすごくきらいなのでがっかりしてハァーとためいきが出た。

一・二年生は、先生とおばけやしきにはいった。中は、まっくらで、サーサーと風の音がして、森のなかのようだった。（中略）歩いて行くと、こんどははこがあった。ビクビクしていたら、だれかがふたをあけた。そうっとおばけがでてきて、みんなは「キャーッ」と言ってにげた。それから三つのおばけがぜんぶそうっとわたしのところにきた。わたしはドアからにげた。

外はあかるかった。そこにはおばけやしきをたのしみにまっている人たちがいた。

この文章のように、一番最初から日時や場所を書く必要はありません。表現の仕方は自由です。ほかの子の文章で、なかなかおもしろい書き出しをした子の例を紹介します。

朝のはみがきについて書いた子の文章です。

鏡の中に寝ぼけたぼくの顔が映っていた。

と書き出しました。はみがきをする前、最初に見たものを素直に書いたのです。

釣りをしに行った子は、

つりの糸をじっと見ていた。とうめいな糸がお日さまの光で光っていた。

という一文で書き始めました。「釣りをしているときどうしていたの？」と聞くと、「じっと見ていた」と言ったので、「それ書き出しに入れたらいいんじゃない？」とアドバイスしました。

郊外に遠足に行ったときのことを書いてくれた子は、

木くずをもやしていた工場から灰色のけむりがすこし出ていた。動物がいっぱいいそうだと思った。

と、遠足に向かうバスの中から見た風景について、自分で感じたことを書いてくれました。

視点を少し変えて、そのときの気持ちから書きはじめてみる。これだけで、読む人が受ける印象は大きく変わるのです。

子どもの感性を自由に羽ばたかせる

書き終わりの表現も、これといった決まりはなく、自由です。釣りに行った子は、「川の神様だと思った」という、とても子どもらしい感性にあふれた言葉で、作文を終えています。話を聞くと、釣りに行った帰り、男の子は「お地蔵さんを見かけた」と言いました。さらに詳しく聞いていくと、「石でできていて、かみの毛があって、服を着ているお地蔵さんが見えた。川の神様かなって思った」と言うではありませんか。「その言葉、とってもすてきだね！」と言うと、子どもは目を輝かせたのです。

ほかにも、どこに遊びに行っても、食べ物のことが一番印象に残っているという子がいました。「おばあちゃんの家で食べたメロンが忘れられない」と話すので、作文の最後は「そのメロンの味が忘れられない」となりました。

出来事の終盤で「見たこと」、聞いたこと、会話したこと、思ったことを書く。自由に書いてかまわないのですが、読む人に、「ここで終わりなんだ」と、すんなり受け入れさせる文章が理想です。「おばけやしき」について書いた子は、最後の一文が、見事な場面転換になっていました。

外はあかるかった。そこにはおばけやしきをたのしみにまっている人たちがいた。

暗くてこわい世界を体験してきた自分と、明るいなかで、それを楽しみ待っている人たちを対比させて終わっています。これはもう、大人並みのセンスを感じさせます。こんなふうに、一歩引いて客観的に書くのも、効果的な終わり方の一例です。

言葉のストックを増やす、見たこと作文の効果

国語の教科書や新聞、本などを読んで、知らない言葉が出てきたときには、調べた言葉をそのまま覚えるのではなく、自分がわかりやすい言葉に言い換えることをすすめてみましょう。それが自分の言葉である「自分語」になります。人の話を聞くときも、相手の気持ちを理解するのに役立ちます。新しく知った言葉、むずかしい言葉を自分語に置き換えられるのは、自分なりのものの考え方を育む、実践的なトレーニングになります。

何かを理解するにあたって、自分の言葉で言い換えてみると、よくわかり、覚えやすくなります。たとえば、ニュースでよく「遺憾《いかん》に思います」という言葉が使われますが、子どもには「イカン」の意味がわからないでしょう。そんなときは、辞書を

使って意味を調べ、自分のふだんの言葉づかいに取り入れてみるのです。遺憾とは子どもにわかりやすい言い方で言えば、「残念」という意味です。

なので——、

「テストの結果については、イカンに思います」

「お父さんの仕事の都合なら仕方ないけど、イカンに思います」

思わず親子で笑ってしまいそうですね。日本語として怪しくても、新しい言葉を作文で使ってみると、ただ暗記するより覚えが早く、理解が深くなります。見たこと作文は、こんなふうに楽しみながらやるのが秘訣です。

第５章 考える力と会話力が メキメキ伸びる

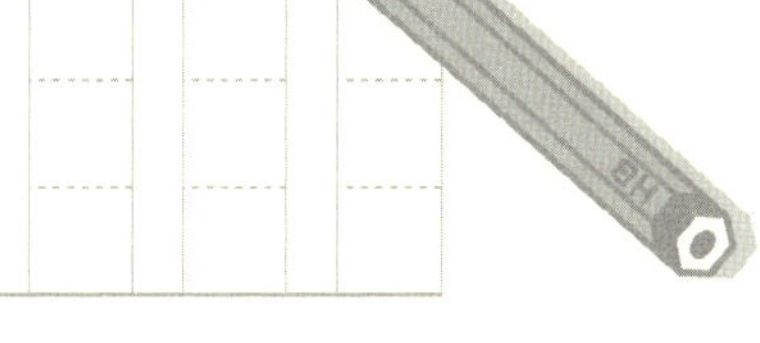

感情は書かせるものではなく、自然に芽生えるもの

子どもと一緒に、見たこと作文を書くためのポイントをまとめてきましたが、「これでいいなら、うちの子にもできるかも」と思えてきたでしょうか？　個人差はありますが、お母さんがナビゲーターとなり、子どもの「見たこと」を言葉として引き出していけば、見たこと作文は誰でも書けるようになります。この章では、これまでまとめてきたポイントを実践していくときの注意点をまず話します。そのうえで、子どものコミュニケーション力、考える力をより高めるための、日常生活での積極的な会話習慣についても、私なりの考えを紹介していきます。

本を読むのが好きなお母さんなら、「魅力的な文章」について、自分なりの判断基準を持っていると思います。文章に引き込まれる要素のひとつに、「感情表現」があ

ります。主人公をはじめとする登場人物の心の動きに共感したり、反感を抱いたり。そんな読書体験が重なると、自分が書くときにも、読む人に気持ちが伝わるような文章を意識するようになります。

ただ、注意点がひとつあります。本好きな親御さんほど、子どもの書く文章にもゆたかな感情表現を求めたがることです。それはけっしてまちがいではありません。国語の授業でも、自分の思いをどう表現するかが問われます。

「それならできるだけ早く、小学校低学年から感情表現を教えてなくては」となりがちですが、そこに〝落とし穴〟があるのです。文章による感情表現については、表現のノウハウを教えることはできても、「どんな感情をもつべきか」までは教えられません。それは子どもたちのなかから、自然に芽生えてくるものだからです。

小学校低学年から、大人顔負けの感情表現ゆたかな文章を書く子がいれば、中学・高校になってから書けるようになる子もいます。それも個性です。知り合いの子どもが、とても感情のこもった作文を書いていたからといって、「もっと感情を表に出した作文を書きなさい」などと言うのは、大人の横暴といってもいいものです。

小学校低学年、中学年の段階では、子どもの感情を無理に書かせる必要はありません。この時期は、書くことは〝子どものなかにある「感情表現の種」に水を与える作業〟だと思ってください。種は誰にでもあります。大切なのはどう育てるか。早く育てようとして、たくさんの肥料をやっても逆効果です。子どもたちのなかに眠る、感情表現の種に与える水は、いろんなものを「見ること」です。そして「ものの見方」は人それぞれで、それでいいと気づかせることです。

一番いけないのは、一緒にいる親の感情を押しつけてしまうことです。

次の文章を読んでみてください。

水でっぽうで妹と水をかけあって遊んでいたら、プールにアリが入ってきました。それを見てたら、最初は、泳いでいたけど、とちゅうで力つきて沈んでしまいしばらくしてもアリはそのままでした。

プールで遊んでいたときに目にしたアリの様子ですが、最初は泳いでいたアリが、しばらくすると、溺れて力尽き、沈んでいく様子を書いています。

自分の子どもの作文でこんな文章を目にしたら、どんなふうに思いますか？ 私の感想をいえば、このときの子どもの心には「悲しい」「かわいそう」という感情はなかったと思います。ただ、アリがプールに入ってきた。泳いでいたけど、力尽きて沈み、しばらくたってもそのままだった。つまり「見たこと」をそのまま、自分の言葉で文章にしているわけです。

親御さんのなかには、「アリが死んでしまってかわいそう」と思い、文章の最後に「悲しかったです」と書いたらいいのにと思う方もいるかもしれません。悲しみや優しさを理解できる子であってほしいという願いもあるのでしょう。でも、あえてそういった感情を書かなくても、「見たこと」を書くだけで、読み手は虫の命のはかなさを感じるかもしれません。無理に感情を書かせるよりも、「この子はどんな気持ちだったのかな？」と想像の余地を残す文章のほうがより自然で、子どものそのときの様子も伝わってくるのではないでしょうか。

「子ども同士のトラブル」を見つけても先を急がない

見たこと作文をはじめると、学校での出来事について、子どもと話す機会も増えてくると思います。友だちと遊んだこと、先生にほめられたこと、そんな話が多いなかで、たまに、子ども同士のトラブルがかいま見えることもあります。

たとえば、「○○ちゃんと言い合いになった」「○○ちゃんにぶたれた」などと書かれていたとき、ほとんどのお母さんは、「どっちが悪いの？」と聞きたくなると思いますが、どちらが悪いかよりも大切なのは、子どもの気持ちがどうなのかということです。

子ども同士のいざこざやケンカで、どちらかが一方的に悪いというケースは、あまりありません。ちょっとした気持ちのすれ違いがあり、それをうまく伝えられず、どちらも素直に謝れなかったためということが多いのです。でも、親御さんのなかにはすぐに「どっちが悪いのか」「うちの子は加害者なのか被害者なのか」と先走りがちな方がいらっしゃいます。きっと、「うちの子が悪いはずがない」という思いがあるのだと思いますが、最初からそのスタンスでは何も解決しません。

「したの？ されたの？ どっちが先にやったの？」などと聞いて、わが子が被害者だと思ったら、すぐに相手の子どもの家に電話をしてしまう。子ども同士のちょっとしたいざこざも、こうなってしまうと修復はむずかしく、事態がこじれると子どもが学校へ行きにくくなる場合もあります。これでは本末転倒です。何かトラブルがあったと知ったら、具体的に何が起こったのか、そして、子どもがいま、どんな気持ちでいるのかを冷静に聞いてみてください。

最初ははっきりしなくても、「私はあなたの味方だから、どうしたらいいのか、一緒に考えようね」と、子どもの心を少しずつ開かせながら、根気よく問いかけることが大切です。子どもが「怒っている」なら、原因を詳しく聞きましょう。「友だちの言葉で傷ついた」ときでも、その友だちに悪気はなく、口がすべっただけかもしれません。「友だちにぶたれた」にしても、本気で悪意をもってぶったわけではなく、加減できずに結果としてそうなったのかもしれません。

子どもが「後悔している」場合もあります。「あんなことを言ったけど、本心じゃなかった」「謝ろうと思ったけど、ムキになっちゃって」と、大人からしてみれば、「そんなこと?」と思えることでも、子どもにとっては大問題な場合もあるのです。でも、それをなかなか口に出せない。だからまず、話を聞くのです。

押しつけるのではなく、自発的な行動に導くことが大切

「どっちが悪いのか」ではなく、とにかく何があったのか、子どもから言葉を引き出して、「ちゃんと言えたじゃない、えらいね」とほめてあげる。**見たこと作文**と同じです。そのうえで、「どうしたいと思っているのか」を聞いてみます。最初は子どもも自分の思いをなかなか整理することができないものです。ここでお母さんは焦ってはいけません。戸惑う子どもと同じ心になることが大切なのです。

相手に謝らなくてはいけないケースだと思っても、お母さんが先に「○○くんに謝りなさい」と言わないほうがいいでしょう。「言い合いになったことを後悔しているのね？」と、まず子どもの気持ちを確認して、「○○くんも同じじゃないかな」と、相手の気持ちを想像させてみます。「仲直りしたいの？」と聞いて、子どもが「うん」と言えば、落としどころは明確です。「明日、正直に話してみたらどう？　そのほうが気持ちがすっきりすると思わない？」と〝誘い水〟を出してみるのです。

子ども同士のささいないざこざやケンカの場合、こういう問いかけをしていくと自分たちで解決できるケースが多くあります。どういう行動をするにせよ、親が先導するのではなく、子どもが自発的にアクションを起こすよう、仕向けるのが子育てです。

子どもの〝ウソ〟は、成長をうながすチャンス

　ＬＣＡ国際小学校では、入学前に、親御さんに同じことを聞くようにしています。「子どもが言うことを、すべて信じていますか？」という質問です。聞かれるほうからすれば、唐突な質問です。でも、私にとってはじつはとても大事な質問なのです。「もちろん、子どもが話してくれることは、すべて信じています」。たとえば、こんなふうに親御さんが答えた場合、残念ながらいい印象はもちません。「ほんとうにわが子を見ていますか？」と言いたくなるのです。なぜかといえば、子どもは無意識のうちに、学校で見せる顔と、家庭で見せる顔を使い分けることがあるからです。

　学校では先生に、家庭ではお父さんやお母さんに、ほめられたい、認められたいという思いがありますから、同じ話をしていても、先生が喜ぶかどうか、親が喜ぶかどうかを見ているのです。それは、子どもの「社会性の芽生え」ともいえるのです。

「うちの子どもが、こう言っているんだからまちがいない」

「子どもを信じてあげるのは親として当然だ」

親御さんがそう思うのは、もちろん親としての愛情からです。しかし、愛情としてでも言える家庭であることが大切ですが、その前提として、まず子どもが安心してなんでも言える家庭であることが大切です、お母さんにこんなことを言ったら怒られる、お父さんがこんなことを認めてくれるわけがないと思ったら、ほんとうの気持ちを話すはずがありません。


以前、こんなことがありました。ある子どものお母さんからお話があり、「学校でいじめられている」と、家で子どもが泣いたらしいのです。事実なら、学校としても対処しなければいけないので、本人や同級生の様子を注意深く見ていましたが、いじめられているような雰囲気はまったくありません。あらためてそれを伝えると、「うちの子が言っているからまちがいない。絶対にいじめられています」と、お母さんは認めようとしません。そこで、本人に直接聞いてみると、じつはいじめはその子がつくった話だったことがわかったのです。

ＬＣＡ国際小学校の勉強はけっこう大変です。授業のほとんどは英語で、授業時間数も、公立学校よりもはるかに多いのです。その子が話をつくってしまったのは、楽しそうに見える公立学校にいっそ転校してしまいたいという思いからでした。

……近所の公立学校に行っている子は、遊ぶ時間もたくさんあって楽しそう。わたしも公立に行きたい。でも、お母さんはこの学校を気に入っているから、きっとわかってくれない。それなら、いじめられていることにしよう。いじめられているなら、学校を変えてくれるかもしれない……。これがいじめられていると言った理由です。そういうことなら、ちゃんと話してくれればいいのに、と親は思いがちです。でも、子どもは親の期待に応えたいと思うものです。期待に背くようなことは、なかなか言えないのです。

特に、「いい子」として育った子はなかなか本心が言えず、意外とさびしさをかかえていることがよくあります。そんな場合も、お父さん、お母さんの気を引いて愛情を確認するために、学校でいかに自分が大変かを話す場合があります。心配されることで愛情を確かめたいのです。小さな子どもが親の顔色をうかがいながら話さなければいけないなんて、やはり不自然です。子どもにとっては、何を言っても親が受け止めてくれ、一緒に考えてもらえる家庭こそが本来の住み家なのです。**見たこと作文**の目的は、そんな家庭を築く一助にもなるはずです。

相手の気持ちを考える想像力を身につけさせる

教育にたずさわる者として、暗澹《あんたん》たる気持ちにさせられるのは、校内暴力の低年齢化です。以前、校内暴力といえば中学校や高校が中心でしたが、最近は小学校でも起こることがあるようです。

なぜ、校内暴力やいじめが低年齢化しているのでしょうか。理由はひとつではありませんが、私が強く感じているのは「想像力の欠如」です。自分がやったことによって、相手がどんな気持ちになるのか、あるいは、体にどんな痛みを感じるのか、想像できない子どもが増えているのではないでしょうか。

うちの学校で、こんなことがありました。ある子どもが、同級生に借りた鉛筆を投げて返しました。危ないから、先生は注意します。そのときは「うん、わかった」と

言いながら、しばらくするとまた、同じことをします。自分の行動の危険性を想像できていないのです。

そこで先生が「きみが投げたものが友だちの目に当たったら、どうなっていたと思う？　頭のなかに、そのときの友だちの様子を浮かべてみて」と話してみました。するとその子は、しばらくじっと下を向いていて、涙をポロリとこぼしたのです。注意の言葉だけでは理解できなかったのが、具体的にイメージすることで心が動いたのです。投げたものが同級生の目に当たる。その場面を想像することで、自分の行為の危険性に気づき、自分がいけないことをしたとわかる。これが人がもつ想像力というものです。

投げたものが当たれば、誰だって痛い。でも、いまの子どもはそれをリアルに想像することができない。ゲームの主人公が相手から攻撃を受けても、表示されるのは数値としてのダメージで、ほんとうの痛みではありません。そんなバーチャルな世界に、生まれたときから慣れているせいなのか、「投げたものが当たれば痛い。もし目に当たったら、大変なケガになる」というイメージがもてないのかもしれません。

相手の立場に自分を置き換えて考えるトレーニング

本を読みながら、イメージをふくらませていく。きょうだいや近所の友だちと、ときにはケンカをしながら、痛みを自分の感覚としてとらえていく。そういう機会が、いまの子どもは少なくなっているのだと思います。

見たこと作文を書くとき、これはぜひお母さんに意識していただきたいポイントです。話を聞き、友だちや同級生の名前が出てきたら、子どもが「見たこと」を細かく、引き出してください。たとえば、こんなことがあったとします。ある同級生が、給食の時間に先生に叱られた。理由は、食べものを粗末にしたなど、小学校ではよくある話です。ここまでは「見たこと」ですが、イメージする力をつけていくために、さらに一歩進んで、先生と、叱られた子どもの気持ちについて、親子で少し話してみるのです。

先生はなぜ叱ったのか。子どもが憎らしいからではなく、「食べものを粗末にしたから」です。でも、その子どもの気持ちになると、嫌いでどうしても食べられないものだったのかもしれません。ほかのものはちゃんと食べたんだから、これくらいいいじゃないか。そういう思いがあったのかもしれません。そこで、「もし、あなたがその子の立場だったら、どうする?」と、自分に置き換えて考えさせてみます。嫌いなものはしかたないと思う。でも、先生の言うことも正しい。では、どうしたらいいのか……。そうやって立場を置き換えて考えることで、相手を思いやる想像力もついてきます。そして、相手を思いやる想像力は、やがて文章にも表れるようになります。

次に紹介するのは、小学校4年生の男の子がスポーツ大会での出来事を書いたものです。自分のチームの勝敗や様子について楽しそうにイキイキと書いていた子が最後の部分で、ふと負けた相手チームの子どもたちの様子を書いていたのです。

勝ったとき、味方はうれしそうだったけど、相手はかなしそうにしているなぁとおもいました。相手は「次がんばろうよ」と言っていました。でも、そのあとで、その相手の試合を見たらまた負けてしまっていました。相手は何も

言わず外へ行ってしまいました。
その日は楽しかったり、悲しかったりして、とてもふしぎな日でした。

何も言わずに試合会場から出ていく相手チームの姿を、彼がどんな気持ちで見ていたのかが伝わってくる文章です。ただ、自分のことだけを書くのではなく、相手の立場を書いた作文は、読み手に訴えかけるものがあります。彼は、言われなくても自然と相手の気持ちを慮《おもんぱか》ることができる、そんな子なのだということも伝わってきます。

こういった特別なイベントに限らず、たとえば家族で出かけた思い出を作文に書くとき、子どもに「あのときのお父さんの気持ちはどうだったのかな」と考えさせることで、より奥行きのある文章になります。それは、子どもの人間としての成長を、親が感じられる場面でもあるのです。相手の気持ちを考えるのがまだむずかしそうであれば、友だちの様子などを聞いてみるのもいいでしょう。次の文章は、小学校3年生の女の子が、クラスメートの男の子がバイオリンを真剣に弾いている姿について書いたものです。

とおるがバイオリンをひく。うまい。ゆうかもバイオリンをひいてみたくなる。とおるは、いつも変なことを言って、笑いをとろうとするけど、一瞬にして真剣になる。変なことをやっているイメージが強いから、すごいなと思う。

女の子らしい、繊細な感性も感じます。友だちに対する表現だと「○○ちゃんはやさしい」「○○くんはいじわる」とひと言で終わってしまうことがよくありますが、この女の子は「なぜすごいと思ったのか」、そして友だちの表情の変化にまで注目して書いています。

ふだんの親子会話でも、友だちについてどんな子か質問をしたときに、「なんで○○ちゃんは優しいと思ったの?」「○○くんがいじわるなのはどんなとき?」と聞いてみると、子どもなりにその理由を探そうとします。それが、友だちについて深く考えることにもなるのです。

「イヤ・キライ作文」を書いてみる

見たこと作文を書くことに慣れてきたら、あえて、子どもが「イヤなもの」「キライなもの」を書くように声をかけてみると、子どもの新境地が開かれることがあります。たとえば、「キライな食べもの」について。ニンジンが嫌いな子どもっていいますね。お母さんは、なぜわが子はニンジンが嫌いなのか、じっくり考えたことはありますか？　頭ごなしに「とにかく好き嫌いはダメ！」などと叱ってはいませんか？

お子さんは、ひょっとしたら、お母さんも気づいていない理由で、ニンジンを嫌いになっているのかもしれません。試しに、**見たこと作文**を利用してみましょう。「ニンジンについて書いてみようか」と誘ってみるのです。

目的はニンジン嫌いを克服させることではありません。そんな親の思惑は、子どももすぐに見抜いてしまいます。それに気づいたとたん、**見たこと作文**は「楽しくない

もの」になってしまいます。

あくまで、自分が「イヤ」「キライ」と思うものに向き合わせることが目的です。味が嫌いなのか、見た目が嫌いなのか。思い出してみたら、以前、給食のカレーに入っていたニンジンが堅くてとても苦かった。あるいは、田舎の畑でニンジンを見たとき、表面に小さな虫がいっぱいついていて、気持ち悪かった。そんな経験もよみがえるかもしれません。

「イヤ」「キライ」という思いは感覚的なものです。特に小さな子どもは、なぜそういう思いになったのかは、深く考えません。でも、やがて年齢が上がってくると、そんな自分を振り返る場面があります。「内省」のはじまりです。この「内省」が、心の成長のうえではとても大事なのです。「イヤ」「キライ」なものからは、大人でも目をそむけることがあります。でも、それと向き合っていくことは、長い人生を考えたら避けては通れないことです。

小さな子どもに、何もそんな〝人生論〟を説く必要はありませんが、自我が芽生えてくれば、いや応なしに「自分」と向き合わざるをえません。そんなときのための〝プレトレーニング〟と考えてみてはいかがでしょうか。

「そんなこと言っちゃいけません！」も禁句

食べ物だけでなく、人に対する好き嫌いもあります。わが子にも「キライな同級生」がいるかもしれません。でも、親の前では、「あの子キライ」なんて言うのは、なんとなく「いけないこと」だと感じていて言えないこともあります。

私は**見たこと作文**で、「あの子キライ」と書いてもいいと思っています。学校では、家庭以上に言いにくいことですから、せめて家庭では、本音を出してもいいのではないでしょうか。それを受け止めることができるのが家庭です。そういう感情をはき出して、すっきりさせる環境をつくっていただきたいのです。お母さんはギョッとするかもしれません。「そんなこと言っちゃダメ。みんなと仲良くしなきゃ」。でも、それでは子どもの心が解放されないのです。子どもにだって、好きな子がいるように、どうにも苦手な子がいて当然なのです。先生にも、相手にも面と向かっては言えないことを、お母さんが聞いてあげてください。

お母さんが「そうなんだ」と受け止めるだけで十分です。あえて「キライ」を解決するためのアドバイスをする必要もありません。その子のどこがキライなのかを聞いてあげるうちに、実は、その子がキライなのではなく、その子がやったことがイヤだったということにも気づいたりします。つまり、子どもが自分の感情を整理できるようになれば、それでいいのです。

子どもの「なぜ？」に向き合い一緒に考える

見たこと作文を通して子どもと話していると、家庭に、親子で一緒に考える習慣が生まれます。私の経験則でいえば、親子で共に考える習慣のある家庭の子ほど、学力も伸びていきます。

小学校時代に重視すべき学力とは、テストの点数ではなく、すべての教科の土台となる「考える力」です。問題の答えをただひたすら暗記しても意味はありません。「なぜそうなるのか」と考える思考習慣が身についてはじめて、中学、高校と進んだときの学力の伸びにつながるのです。

子育てには「ダメなものはダメ」と言って聞かせるべき時期があります。ただ、子どもが成長していくにつれ、「ダメなものはダメ」の一点張りでは、反発心だけがうっ積するようになります。やがて親の言葉を受け入れなくなります。学校でも同じで、子どものやったことに対して「そういう決まりだから」で納得するのは低学年までです。早い子は低学年でも、「どうしてダメなの？」と、自分なりの疑問をもつようになります。

そんなとき、大人は子どもの「なぜ？」にしっかりと答えなくてはいけません。「なぜ？」という思いこそが考える力の原点でもあるからです。

「どうしてそうなるの？」を、親子で話し合ってみよう

ＬＣＡ国際小学校の旧校舎のトイレには、いわゆる〝トイレサンダル〟が置いてあり、クツを脱いで履き替える決まりでした。あるとき、ひとりの男子児童がそのルールを守っていませんでした。

ひと言注意すると彼は、「どうして履き替えなくちゃいけないの？」と平然と言います。こんなとき、「そういう決まりだから」とつい言いがちですが、私は彼にこんな提案をしてみました。

「じゃあ、ちゃんとした理由がなかったら、履き替えなくていいことにしよう」彼は一瞬キョトンとしましたが、「一緒に考えてみようよ」と言葉を続けると、興味をそそられたような表情を見せたのです。

彼の考えはこうでした。「トイレはいつもキレイに掃除されているし、汚いようにはぜんぜん見えない。だから、履き替えなくてもいいんじゃないかな……」

そこで、私はこんなふうに話してみました。「確かにトイレはいつもきれいだね。でも、低学年の男の子は、まだ上手に用を足せないから、ときどき床にこぼしちゃうこともあるかもしれない。きみもそうじゃなかった？」

その子は、しばらく考えてから、「うん」とうなずきました。そして、私がこう続けました。

「サンダルに履き替えないでトイレに入ると、そのクツの底にオシッコがつくかもしれない。みんながそうやって、オシッコがついたかもしれないクツで教室のなかを歩いたらどうなる？　教室の床に転がって遊ぶこともあるよね？」

オシッコがついたかもしれないクツで、教室のなかを歩いているところ。その床で転がったりしている自分を想像していたのでしょう。彼はしばらく考えてから、

「……汚いね」とポツリと言ったのです。

こうして彼は納得し、サンダルに履き替えるルールもそのまま続けられることになりました。こんなケースでは、大人も覚悟が必要です。子どもと話し合って、ほんとうに必要のないことだと思えば、ルールは変えてもいいくらいの覚悟をもたなくてはいけないのです。

無自覚のうちに守ってきたルールがはたしてほんとうに必要なのか、そこに立ち返って考えてこそ、「子どもと一緒に考える」ことになるのです。日ごろの生活のなかでも、子どもの素朴な疑問をぶつけられることがあります。その場で、すぐ答えられないような質問だと、ついその場しのぎの答えでごまかしてしまいがちです。

しかし、それでは子どもの「考える力」は育まれません。「お母さんもわからない

から一緒に調べてみよう」このひと言が大切なのです。わからないことは率直に「わからない」と認める。そして、わからないことを知るための手間と努力を惜しまない。考える力とは、まさにその手間と努力からはじまるのだということを子どもに教えることが大切なのです。

「夢」に向かって一歩踏み出す経験が財産になる

低学年くらいまでは、「見たことを書く」ことで、文章を書くことに慣れさせるのが見たこと作文の大きな狙いです。やがて、高学年になったら実際に「見たこと」だけでなく、「将来のこと」を題材にするのもいいでしょう。つまり、自分の夢や希望を作文に書くこともあっていいのです。日本の公教育の現場では、「しなくてはいけないこと」と「してはいけないこと」ががっちり決められていて、子どもたちの自由な発想は縛られてしまいがちです。だからせめて、家庭で話をするときは、荒唐無稽でもかまわないので、やりたいことや将来の夢を子どもに書かせてください。

たとえば、「世界一周旅行したい」、子どもがこう書いたとします。そんなとき、「いいんじゃない」と親は口では言いながら、顔は素っ気ない、ということが往々に

してあります。大人の現実感覚がつい顔をのぞかせてしまうのです。子どもは、そんな親の表情に敏感です。

実現可能かどうかを、大人が上から目線の常識で判断するのは感心しません。子どもには無限の可能性があるのですから、ひょっとして何十年かしたら、ほんとうに世界一周しているかもしれないのです。

子どもが夢を口にしたら、親は目を輝かせるべきです。そして一緒に考えるのです。「世界一周には、いったいいくらかかるのかな。調べてみようよ」と声をかけて調べた結果、仮に一〇〇〇万円とわかったとしましょう。「じゃあ、何歳までに行きたい？」と問いかければ、子どもなりに考えて「三〇歳！」と答えるかもしれません。そしたら「じゃあ、それまでに一〇〇〇万円貯めなくちゃね」と受け止める。金額が大きいので、子どもはピンとこないかもしれません。それでもいいのです。

ほんとうに実現するかどうかが問題ではありません。子どもに、「やろうと思えばできるんだ」と、希望をもたせるのが大切なのです。最初からあきらめてしまう子と、どうやったら実現できるかを考える子では、学習態度にも差が出てきます。

「世界一周旅行したい」でなくても、「宇宙飛行士になりたい」でも同じです。宇宙飛行士になるにはどうすればいいのか、お母さんも一緒に考えてみてください。

専門知識を学ぶには、やはり大学の理工系学部。子どもが算数を好きなら、前向きに話ができますし、算数が苦手なら、克服するきっかけになるかもしれません。勉強するだけでなく、体力もつけなくてはいけないでしょう。家で遊ぶことが多い子どもが、体を鍛える意味を見つけられるかもしれません。

外国の人と一緒に仕事をすることにもなるでしょう。英語も話せないといけません。語学が「やらされる」だけでは身につかないことを、親御さんも中学、高校時代に経験済みのはずです。でも、主体的に取り組む目標があれば、やる気も違うし理解も進みます。

将来の夢に真剣に向き合うほど、子どもの精神も成長する

夢をもったとき、それを実現するために前に一歩踏み出せるかどうかで、人生は大きく変わります。たとえその夢が実現しなくても、一歩踏み出した経験は、けっしてムダにはなりません。それどころか、大きな財産になります。

小学校六年生のある男子児童は、サッカーがとても好きでした。自分の将来の夢を書かせたときに、一二〇〇字にもおよぶ文章を書いてきたのですが、そのなかで彼は、お父さんとの思い出がきっかけでサッカーをはじめたこと、どれだけ自分がサッカーを好きか、そしてそのサポートをしてくれた両親やコーチへの感謝の言葉をつづっていました。そして、最後に彼はこう結んだのです。

ぼくはサッカースクールをつくって、みんなにサッカーの楽しさや、あきらめないきもち、そして親に感謝すること、そういうことを伝えたいです。ぼくがみんなを少しずつ強くしていき、将来、みんながテレビに映ることを願って

育てていきたい。僕のサッカー選手になる夢をスクールに通うみんなにたくしたい。だからサッカースクールをつくりたいと思いました。

サッカーが好きな子ならふつうは「サッカー選手になりたい」と書くのが一般的です。しかし、彼は夢をカタチにすることを自分なりに真剣に考え続けて、「サッカースクールの経営者になる」という結論を導き出したのです。本心はサッカー選手になりたかったのかもしれません。でも、サッカー選手になりたいと思えば思うほど、その壁の高さが重くのしかかってきたのでしょう。一二歳の子どもなりに、現実と向き合ったのです。

彼は自分なりに考えた結果として、「サッカースクールの経営者になる」というもうひとつの夢を見つけたのです。少し大げさかもしれませんが、そこに人間的な成長があります。そんな彼を私はとても誇らしく思います。

自分のやりたいこと、なりたいものと真剣に向き合う。**見たこと作文**は、子どもが自問自答をし、思考を深める場にもなるのです。高学年になったら、こんなふうに夢を日記に書かせ、どうすれば実現できるのか、親子でぜひ一緒に考えてみてください。

「幸せってなんだろう？」と、いつでも話し合える親子関係に

見たこと作文は、子どもが小学校の高学年、そして中学、高校になっても、「なんでも話せる親子関係」をつくるベースになります。

小学校までは、家庭でいろんな話をしていたのに、中学や高校になると、何を聞いてもめんどうくさそうに答えるわが子に、「何を考えているのかわからない」と嘆くお母さんも少なくありません。

でも、みなさんもかつては、そうだったのではありませんか？　思春期になると、どういうわけか親と話すのがおっくうになり、また気恥ずかしさもあって、おざなりな返事をしてしまうのです。

どうして年齢が上がると、親と話せなくなるのでしょう。おそらく、小学校のころ

は無邪気に、学校で起こったことや「見たこと」を、そのままお母さんに伝えていたはずです。でも中学、高校となると、いつのまにか、親が口うるさい存在になってしまう。親も、思い通りにならないわが子にイライラする。これは子どもにとっても、親にとっても、けっして〝幸せな関係〟とはいえません。そうならないために、ぜひ**見たこと作文**を活用してください。

小学校高学年になったら、あえて抽象的な問いかけを、お母さんからしてもいいでしょう。たとえば、「幸せって、なんだろうね」。お母さんも一緒に考えてください。

いい大学に行き、いい会社に就職すること？　それなりに安定した生活は送れると思いますが、大企業とはいえ、以前のように、定年まで確実にめんどうを見てくれるわけではありません。そもそも、それはほんとうに子どもが望むことなのでしょうか。

お金がたくさんあること？　お金があれば、生活には困らないでしょう。でも、お金が原因のトラブルは、いまこの瞬間にもどこかで起こっています。お金をたくさんもつことで、そんなトラブルに巻き込まれる可能性は高まってくるのです。

学歴や地位、そしてお金……。これらを手にしたからといって、人間、幸せになれるわけではありません。

では、幸せってなんなのか？　少しむずかしい話ですが、こういう会話を、できれば小学校高学年のころからはじめてほしいのです。答えを出そうとする必要はありません。大切なのは、親と子が、互いにどう思っているかを確認することです。答えは子どもが大きくなってから、自分で見つければいいのです。

抽象的な質問から「創造的な想像力」を育んでいく

小学校のころから、こういう話を家でしていると、子どもの成長、特に精神面での成長に大きく影響します。幸せとは何か。自分の考えとお母さんの考えがあり、先生の考えがあり、友だちの考えがあります。

本を読めば、先人たちが「幸せ」について考えたことが、いろいろ書かれています。そういうものにもふれて、自分なりの考えを深めていく。それが、やがて社会人になったときに求められる思考力や価値観を身につける足がかりになります。

また、思春期になると家で話をしなくなる大きな理由として、「こんなこと、親に話してもわかってもらえるはずがない」という、子どもの心理があると思います。どうして「わかってもらえるはずがない」なのか？　おそらく「親はいつまでも自分のことを小さな子どもだと思っている」、そんな意識があるのかもしれません。

抽象的なテーマを話し合うことは、そんな思いを取り払うチャンスでもあります。もし、「幸せってなんだろう」「人生ってなんだろう」「お金ってなんだろう」「働くってなんだろう」「愛ってなんだろう」。という話題を親子で少しでも話した経験があれば、将来、子どもが仕事や人間関係で壁にぶつかったときに、親をいちばん身近な相談相手と考えてくれるかもしれません。

親子のコミュニケーションがうまくいっているかどうかは、お母さん方の大きな関心事である受験にも影響してきます。たとえば、中学受験で問われるのは、学校や塾で身につけた学力だけではありません。親子が日常生活で向き合い、社会的な出来事にも関心をもち、ちゃんとコミュニケーションがとれているかどうかも見ているのです。

私は「家庭の文化レベル」と呼んでいますが、知らないことに出合ったとき、子どもも親も関心をもち、一緒になって調べたり、考えたりしているかどうか、そんな思考習慣のある家庭かどうかが子どもの試験問題の解答にも表れるのです。

「知ること」「考えること」の楽しさを実感させよう

「これって、どういうことなのかな」と、親と一緒に考える習慣がついている子は、学力もどんどん伸びていきます。逆に「勉強しなさい」と言うだけの親に育てられた子は、テストの点数がよくても、中学に入ってから伸び悩むことが多いのです。

学校で教えることは、幅広い知識のなかのほんの一部です。それなのに、出された課題を見て、「これは学校で習っていないから、子どもには無理です」と言ってくる親御さんもいます。習っていないから、わからないのは当然です。でも、わからないことがあったら調べればいいのです。

親御さんにお願いしたいのは、一緒になって調べ、子どもが新しい知識を得る手助けをすること。「知るって楽しい」「考えるって楽しい」、そういう意識を植えつけてあげれば、子どもは勉強が好きになり、どんどん成長していきます。

その第一歩となるのが、本書でまとめてきた、「見たこと」を書く見たこと作文だと私は考えています。生きていく原動力となる考える力、想像力を身につけるために、子どもとお母さんが一緒になって継続して取り組んでください。継続は力なり、です。

おわりに

本書を執筆するにあたって、子どもたちが書いた作文を読み返してみました。どの作文にもその子らしいキラキラするような表現が随所にあります。子どもたちが書いていたときのイキイキとした表情も鮮やかによみがえってきました。

言葉の一つひとつが輝いているのは、やはり、自分の言葉に自信をもっているからです。自由な発想で書くことに、喜びを感じているからです。

子どもはその素直な感性を認め、ほめてあげる大人がまわりにいれば、自分自身にどんどん自信をもつようになります。ひとつのことに自信がもてるようになると、どんなことに対しても積極的になっていきます。ほかの勉強にも前向きに取り組むようになります。つまり、書くことで得た「小さな成功体験」は学力全般にも好循環をもたらすというわけです。

教育の現場ではいま、「読解力」が重視されています。情報をきちんと理解するだけでなく、理解した内容を、自分の言葉で相手にわかりやすく伝えることができてはじめて読解力といえます。

つまり、読み解く力は、的確な表現力が備わっていてこそ、成り立つものなのです。その原点となるものが、本書で述べてきた、「見たこと（理解したこと）」をそのまま読む人に伝わるように具体的に書く**見たこと作文**です。理解して、伝える。これは社会で生きていくために欠かせないコミュニケーション能力そのものです。中学、高校、大学と進学するうえでさまざまな人と深い人間関係を築くことができます。そして社会人として人の役に立ったり、よりよい仕事をするためにも、読解力は大切なものなのです。

こうした読解力は「生きる力」とも言い換えられます。それが「小さな成功体験」からはじまるのだと、私は思っています。

本書は私がかんき出版より二〇一一年に出版した「１００字日記で勉強が好きな子に育てる！」（絶版）に大幅に加筆・訂正を加え、タイトルを変えて出版するものです。「見たこと作文」を通じて、それぞれの子どもたちがゆたかなコミュニケーションの力を身につけてくれればと願っています。

最後に、私に心を開いてゆたかに表現してくれた子どもたちと、本書の出版に向けてご尽力いただいた皆様に、この場を借りてあらためて御礼申し上げます。

山口　紀生

【著者紹介】

山口　紀生（やまぐち・のりお）

◉――日本初の株式会社立小学校である「ＬＣＡ国際小学校」と、「ＬＣＡ国際プリスクール」創設者でありＬＣＡ国際学園学園長。外国人講師による英語教育を行うと同時に、日本語による作文指導にも力を入れ、書くことを通して、考える力、自分の思いを的確に伝える力の養成を目指している。

◉――横浜国立大学教育学部卒業後、公立小学校にて教壇に立つ。1985年に退職し、私塾「ＬＣＡ」を設立。塾の活動の一環として行った、アメリカでのホームステイの経験を基に、英会話学校を開設。2000年にすべて英語で指導する幼稚園「ＬＣＡインターナショナルプリスクール」を開園。幼稚園の保護者からの要望を受け、2005年には「ＬＣＡインターナショナルスクール小学部」を設立。同スクールは2008年4月に文部科学省から正式な認可を受け「ＬＣＡ国際小学校」となる。

◉――主な著書に、『どうしてこんなにできる子ばかり？』『書ける子を育てる親子作文ワーク』（オクムラ書店）など。

ＬＣＡ国際学園ホームページ
http://lca.ed.jp

親子でつくる見たこと作文

2016年10月10日　　第1刷発行

著　者――山口 紀生
発行者――木村 茂樹
発行所――株式会社エデューレコミュニケーションズ
〒103-0013
東京都中央区日本橋人形町3-2-5
TEL 03-5652-8700　FAX 03-5652-8711
https://com.edure.co.jp
装丁――木村 彰
編集――森 晴彦　小俣 小夜子
執筆・編集協力――株式会社エディ・ワン
印刷所――株式会社上野印刷所

乱丁・落丁本は小社にてお取り替えいたします。

ISBN978-4-908784-02-6 C0037